HEINZ-DIETRICH STEINMEYER

Die Einstrahlung im internationalen Sozialversicherungsrecht

Schriften zum Sozial- und Arbeitsrecht

Band 55

Die Einstrahlung im internationalen Sozialversicherungsrecht

Kollisionsnormen für ins Inland entsandte Arbeitnehmer und vergleichbare Selbständige

Von

Dr. Heinz-Dietrich Steinmeyer

DUNCKER & HUMBLOT / BERLIN

Gedruckt 1981 bei Berliner Buchdruckerei Union GmbH., Berlin 61
Printed in Germany

ISBN 3 428 04864 4

Vorwort

Bei der vorliegenden Arbeit handelt es sich um die überarbeitete Fassung einer im Herbst 1979 dem Fachbereich Rechtswissenschaft der Freien Universität Berlin vorgelegten Dissertation. Sie berücksichtigt nunmehr die Neuerscheinungen bis August 1980.

Besonderer Dank gilt meinem akademischen Lehrer Herrn Prof. Dr. von Maydell, von dem die Anregung zu dieser Schrift ausging und der mich bei ihrer Anfertigung hilfreich und verständnisvoll betreute.

Mein Dank gilt auch Herrn Ministerialrat a. D. Prof. Dr. J. Broermann für die Aufnahme der Arbeit in die Schriftenreihe zum Sozial- und Arbeitsrecht.

Berlin, im August 1980

Heinz-Dietrich Steinmeyer

Inhaltsverzeichnis

Erster Teil

Erläuterung des Untersuchungsgegenstandes und Begriffsbestimmungen

Zweiter Teil

Die Einstrahlung im internationalen Sozialversicherungsrecht

Abkürzungsverzeichnis

ABA	= Arbeit, Beruf und Arbeitslosenhilfe
ABl.	= Amtsblatt
AcP	= Archiv für die civilistische Praxis
AFG	= Arbeitsförderungsgesetz
amtl.	= amtliche
Amtl. Mitt. LVA Rheinpr.	= Amtliche Mitteilungen der Landesversicherungsanstalt Rheinprovinz
AN	= Amtliche Nachrichten des Reichsversicherungsamtes. Ab 1928: Amtliche Nachrichten für Reichsversicherung
ANBA	= Amtliche Nachrichten der Bundesanstalt für Arbeit
AP	= Arbeitsgerichtliche Praxis (Nachschlagewerk des Bundesarbeitsgerichts)
AR-Blattei	= Arbeitsrechts-Blattei
ARS	= Arbeitsrechtssammlung
AÜG	= Arbeitnehmerüberlassungsgesetz
AuR	= Arbeit und Recht
AVAVG	= Gesetz über Arbeitsvermittlung und Arbeitslosenversicherung
AVG	= Angestelltenversicherungsgesetz
BABl.	= Bundesarbeitsblatt
BAG	= Bundesarbeitsgericht
BetrVG	= Betriebsverfassungsgesetz
BG	= Die Berufsgenossenschaft
BGBl.	= Bundesgesetzblatt
BGHZ	= Amtliche Sammlung der Entscheidungen des Bundesgerichtshofes in Zivilsachen
BKK	= Betriebskrankenkasse
BlStSozArbR	= Blätter für Steuerrecht, Sozialversicherung und Arbeitsrecht
BMA	= Bundesminister(ium) für Arbeit und Sozialordnung
BR-Drucks.	= Bundesratsdrucksache
BSG	= Bundessozialgericht
BSGE	= Amtliche Sammlung der Entscheidungen des Bundessozialgerichts
BT-Drucks.	= Bundestagsdrucksache
BVerfGE	= Amtliche Sammlung der Entscheidungen des Bundesverfassungsgerichts
DAngVers	= Die Angestelltenversicherung
DB	= Der Betrieb
DOK	= Die Ortskrankenkasse
DRV	= Deutsche Rentenversicherung
DVBl.	= Deutsches Verwaltungsblatt
DVZ	= Deutsche Versicherungs-Zeitschrift für Sozialversicherung und Privatversicherung

EG	=	Europäische Gemeinschaften
EGBGB	=	Einführungsgesetz zum Bürgerlichen Gesetzbuch
ErsK	=	Die Ersatzkasse
EuGH	=	Gerichtshof der Europäischen Gemeinschaften
EuGHRspr	=	Sammlung der Rechtsprechung des Gerichtshofes der Europäischen Gemeinschaften
EWG	=	Europäische Wirtschaftsgemeinschaft
FANG	=	Fremdrenten- und Auslandsrenten-Neuregelungsgesetz
FRG	=	Fremdrentengesetz
GewO	=	Gewerbeordnung
GG	=	Grundgesetz
GK	=	Gemeinschaftskommentar
h. M.	=	herrschende Meinung
IAO	=	Internationale Arbeitsorganisation
LSG	=	Landessozialgericht
NJW	=	Neue Juristische Wochenschrift
RabelsZ	=	Zeitschrift für ausländisches und internationales Privatrecht, begründet von Rabel
RAG	=	Reichsarbeitsgericht
RdA	=	Recht der Arbeit
Rdnr.	=	Randnummer
RGBl.	=	Reichsgesetzblatt
RiW/AWD	=	Recht der internationalen Wirtschaft/Außenwirtschaftsdienst des Betriebsberaters
RVA	=	Reichsversicherungsamt
RVO	=	Reichsversicherungsordnung
Rz.	=	Randziffer
SAE	=	Sammlung Arbeitsrechtlicher Entscheidungen
SGb	=	Die Sozialgerichtsbarkeit
SGB	=	Sozialgesetzbuch
SGB-AT	=	Sozialgesetzbuch — Allgemeiner Teil
SozFortschritt	=	Sozialer Fortschritt
SozR	=	Sozialrecht, Rechtsprechung und Schrifttum, bearbeitet von den Richtern des Bundessozialgerichts
SozSich	=	Soziale Sicherheit
SozVers	=	Die Sozialversicherung
StGB	=	Strafgesetzbuch
TVG	=	Tarifvertragsgesetz
Urt.	=	Urteil
VersRdsch	=	Versicherungsrundschau (Österreich)
VO	=	Verordnung
Vorbem.	=	Vorbemerkung
VSSR	=	Vierteljahresschrift für Sozialrecht
WzS	=	Wege zur Sozialversicherung
ZfA	=	Zeitschrift für Arbeitsrecht
ZfS	=	Zentralblatt für Sozialversicherung, Sozialhilfe und Versorgung
ZvglRW	=	Zeitschrift für vergleichende Rechtswissenschaft
ZSR	=	Zeitschrift für Sozialreform

Erster Teil

Erläuterung des Untersuchungsgegenstandes und Begriffsbestimmungen

Erstes Kapitel

Einleitung

Gegenstand dieser Arbeit ist die unter dem Stichwort „Einstrahlung“ im internationalen Sozialversicherungsrecht behandelte Frage, wann und unter welchen Voraussetzungen zu vorübergehender Tätigkeit ins Inland entsandte Arbeitnehmer sowie ihnen vergleichbare Selbständige der deutschen Sozialversicherung unterliegen, sie versicherungspflichtig oder versicherungsberechtigt sind.

Seit dem 1. 7. 1977 findet sich hierzu eine ausdrückliche Regelung in § 5 Sozialgesetzbuch-Gemeinsame Vorschriften für die Sozialversicherung vom 23. 12. 1976[1]. Vorschriften, die sich damit befassen, enthalten auch die von der Bundesrepublik Deutschland mit ausländischen Staaten abgeschlossenen Sozialversicherungsabkommen[2] sowie die Verordnung (EWG) Nr. 1408/71 des Rates zur Anwendung der Systeme der sozialen Sicherheit auf Arbeitnehmer und deren Familien, die innerhalb der Gemeinschaft zu- und abwandern vom 14. 6. 1971[3].

Aufgabe dieser Untersuchung ist es, die genannten Regelungen zu erläutern, ihr Verhältnis zueinander darzustellen sowie Konsequenzen aus diesen Vorschriften aufzuzeigen.

---

1 BGBl. I, 3845.

2 Vgl. dazu *Plöger / Wortmann*, Deutsche Sozialversicherungsabkommen mit ausländischen Staaten.

3 ABl. Nr. L 149/2 v. 5. 7. 1971, zuletzt geändert durch VO Nr. 1392/74 v. 4. 6. 1974, ABl. Nr. L 152/1.

Zweites Kapitel

Erläuterung des Untersuchungsgegenstandes

A. Einstrahlung

I. Der Begriff „Einstrahlung"

Durch IV § 5 SGB hat der Begriff „Einstrahlung" erstmals — und zwar als amtliche Überschrift dieser Regelung — Eingang in das Gesetz gefunden. Im Vierten Buch Sozialgesetzbuch geht dieser Vorschrift der mit „Ausstrahlung" überschriebene IV § 4 SGB voraus, der den umgekehrten Fall, den der Entsendung von Arbeitnehmern zu vorübergehender Tätigkeit ins Ausland bzw. den der vorübergehenden Auslandstätigkeit vergleichbarer Selbständiger regelt[1].

Die Begriffe „Einstrahlung" und „Ausstrahlung" erklären sich aus dem Bestreben, vorübergehende Inlandstätigkeiten von der deutschen Sozialversicherung auszunehmen und den Versicherungsschutz der deutschen Sozialversicherung auf vorübergehende Auslandstätigkeiten zu erstrecken. Dies läßt sich damit erklären, daß das zugrunde liegende Beschäftigungsverhältnis ins Inland „einstrahlt" oder im umgekehrten Fall ins Ausland „ausstrahlt". Daraus folgt dann eine Einschränkung des inländischen Sozialversicherungsschutzes, der Schutz der ausländischen Sozialversicherung „strahlt ein". Im umkehrten Falle „strahlt" der Versicherungsschutz der deutschen Sozialversicherung ins Ausland „aus". Entsprechendes gilt für die selbständige Tätigkeit.

II. Die unter dem Stichwort „Einstrahlung" diskutierten Fälle

Zur Verdeutlichung der Problematik sollen nun die wichtigsten Fälle vorgestellt werden[2].

---

1 Zur Ausstrahlung vgl. *Jungk*, Das Prinzip der „Ausstrahlung" in der gesetzlichen Unfallversicherung, Dissertation.

2 Der Verfasser hat einige Fälle der Rechtsprechung entnommen, anderen liegen Zeitungsberichte zugrunde. Wertvolle Hinweise und Einblicke in Fallmaterial gab schließlich noch die Bundesversicherungsanstalt für Angestellte.

Gemeinsam ist in diesen Fällen, daß bei einem zeitlich begrenzten Inlandsaufenthalt Beziehungen zu einer ausländischen Sozialrechtsordnung gegeben sind. Gegenstand dieser Untersuchung ist dabei insbesondere die Frage, wie diese Beziehung beschaffen sein muß, um zu einer Ausnahme vom Versicherungsschutz nach dem Sozialversicherungsrecht der Bundesrepublik Deutschland kommen zu können.

Der Grundfall ist der des ausländischen Unternehmens, das im Inland mit eigenen Arbeitskräften und eigenem Material einen ihm erteilten Auftrag ausführt. Die Arbeitskräfte verbleiben während ihres Inlandsaufenthalts in einem Arbeitsverhältnis zu diesem Unternehmen. Bekannt geworden sind insbesondere die Tätigkeiten osteuropäischer Baufirmen in Deutschland, die vornehmlich während der Bauhochkonjunktur als Konkurrenten deutscher Baufirmen auftraten und erhebliches Aufsehen erregten. Die Arbeitnehmer kehrten nach Ausführung des Auftrages in ihr Heimatland zurück.

Von großer praktischer Bedeutung ist daneben die Tätigkeit ausländischer Verkehrsbetriebe im grenzüberschreitenden Verkehr. Die Eigenart der Tätigkeit der Arbeitnehmer im grenzüberschreitenden Verkehr bringt es mit sich, daß sie vorübergehend im Gebiet eines anderen als ihres Herkunftsstaates tätig werden.

Arbeitnehmer, die von ihrem Unternehmen ins Inland entsandt werden, sind regelmäßig schon seit längerem in dem ausländischen Unternehmen tätig. Nicht selten ist jedoch auch, daß Arbeitnehmer allein im Hinblick auf diese Entsendung eingestellt werden. Dies dürfte insbesondere dann der Fall sein, wenn die Auftragsübernahme eine Personalvermehrung erforderlich macht oder soweit es sich um Arbeitnehmer handelt, deren der ausländische Arbeitgeber etwa wegen ihrer Kenntnisse der deutschen Sprache, der deutschen Verhältnisse oder der Besonderheit des ausführenden Auftrages bedarf. In diesen Fällen weist die Beziehung zum Ausland bereits eine geringere Intensität auf.

Dies gilt auch für Angestellte ausländischer Unternehmen, die in eine inländische Tochtergesellschaft entsandt werden, in diese wie ein Stammarbeitnehmer eingegliedert werden, aber gleichwohl weiterhin in einem Arbeitsverhältnis zur ausländischen Muttergesellschaft stehen. Derartige Sachverhalte weisen deutliche Verknüpfungen sowohl zum Inland als auch zum Ausland auf, so daß es einer Abwägung bedarf, um die anwendbare Rechtsordnung feststellen zu können.

Ähnliches gilt auch für den Arbeitskräfteverleih durch ausländische Unternehmen. Dies kann einmal gewerbsmäßig geschehen und ist dann nach dem Arbeitnehmerüberlassungsgesetz genehmigungspflichtig. Daneben sind Fälle bekanntgeworden, in denen ausländische Unternehmen deutschen Firmen, die unter Personalknappheit während der Hochkonjunktur litten, mit Arbeitskräften aushalfen, ohne diese Verleihung gewerbsmäßig zu betreiben. Hier bestehen Rechtsbeziehungen sowohl zwischen Verleiher und Arbeitnehmer als auch zwischen Entleiher und Arbeitnehmer.

Ebenfalls Beziehungen zu beiden Rechtsordnungen weisen solche Arbeitnehmer auf, die von einem ausländischen Unternehmen aus Anlaß einer vorübergehenden Inlandstätigkeit in Deutschland eingestellt werden.

Abschließend ist noch hinzuweisen auf die in den ausländischen Botschaften und Konsulaten in der Bundesrepublik Deutschland tätigen Personen.

Soweit es den Personenkreis der Selbständigen angeht, dürften vornehmlich ausländische Künstler und Artisten in Betracht kommen, die aufgrund eines Engagements vorübergehend im Inland tätig werden.

B. Das internationale Sozialversicherungsrecht

I. Begriff

Die Frage, welche Bereiche unseres sozialen Sicherungssystems Sozialversicherung und damit Gegenstand des Sozialversicherungsrechts sind, wird uneinheitlich beantwortet[3]. Bei der verfassungsrechtlichen Kompetenzvorschrift des Art. 74 Nr. 12 GG ist insbesondere die Einbeziehung der Pflichtversicherung freier Berufe umstritten[4]. Diskutiert wird auch die Zugehörigkeit der Arbeitslosenversicherung zur Sozialversicherung[5]; unter Hinweis auf I § 4 SGB wird der Begriff „Sozialversicherung“ beschränkt auf die sog. klassischen Zweige Kranken-, Renten- und Unfallversicherung[6]. Für diese Untersuchung reicht es aus, zu konstatieren, daß die nicht den sog. klassischen Zweigen der Sozialversicherung zuzurechnenden aber vom Versicherungsprinzip getragenen sonstigen Bereiche des Rechts der sozialen Sicherheit derartige Ge-

---

[3] Vgl. *Krause*, in: GK-SGB IV, § 1 Rz. 4 ff.

[4] *Krause*, GK-SGB IV, § 1 Rz 4 ff.; *Maunz*, in: Maunz / Dürig / Herzog, Grundgesetz, Anm. 83 zu Art. 74; BVerfGE 11, 105 ff.

[5] *Burdenski*, in: Burdenski / v. Maydell / Schellhorn, SGB-AT, § 4 Rz. 2 ff.; *Krause*, in: GK-SGB IV, § 1 Rz. 4 ff.; *Rüfner*, Einführung in das Sozialrecht, S. 78; *Wannagat*, Lehrbuch des Sozialversicherungsrechts, Bd. 1, S. 38; vgl. auch BT-Drucks. 7/4122, 30.

[6] *Burdenski*, in: Burdenski / v. Maydell / Schellhorn, SGB-AT § 4 Rz 2 ff. und *Rüfner*, Einführung in das Sozialrecht, S. 78.

meinsamkeiten mit der erstgenannten Gruppe aufweisen, daß sie zumindestens zur Sozialversicherung im weiteren Sinne gerechnet werden können[7].

Umstritten ist, welcher Bereich des Sozialversicherungsrechts als internationales Sozialversicherungsrecht zu qualifizieren ist.

In Parallele zum internationalen Privatrecht ist es denkbar, hierunter nur solche Normen zu fassen, die bestimmen, welches nationale Recht auf einen Sachverhalt mit Auslandsberührung anzuwenden ist, ohne selbst eine materielle Regelung zu treffen (Kollisionsnormen)[8].

Eine weitere Möglichkeit besteht darin, die Normen nach ihrem Ursprung voneinander abzugrenzen; das würde bedeuten, daß das internationale Sozialversicherungsrecht der Inbegriff der sozialversicherungsrechtlichen Normen internationalen Ursprungs ist[9].

Schließlich ist es denkbar, zum internationalen Sozialversicherungsrecht alle Normen zu rechnen, die Sachverhalte mit Auslandsberührung regeln[10].

Zu konstatieren ist, daß sich die drittgenannte Deutung des Begriffs wohl weitgehend durchgesetzt hat[11]. Hierfür sprechen insbesondere praktische Erwägungen. Es erscheint sinnvoll, alle diejenigen Normen unter dem Begriff „Internationales Sozialversicherungsrecht" zusammenzufassen, die internationale Sachverhalte regeln; die Normen internationalen Ursprungs vermögen diese Sachverhalte nur teilweise zu regeln.

Eine Begriffsbestimmung in Parallele zum internationalen Privatrecht verbietet sich bereits deshalb, weil die Existenz von Kollisionsnormen im Sozialversicherungsrecht — wie später noch näher zu behandeln sein wird[12] nicht unbestritten ist. Mit einer derartigen Be-

---

7 Vgl. zur Zugehörigkeit der Arbeitslosenversicherung zur Sozialversicherung auch die Amtl. Begründung zu IV § 1 SGB, in: BT-Drucks. 7/4122, 30; vgl. auch *W. Bogs*, Grundfragen des Rechts der sozialen Sicherheit und seiner Reform, S. 15 ff. sowie BSGE 6, 213 ff.; 218, 227; RVerfGE 11, 105 ff., 111 f.

8 So für das internationale Verwaltungsrecht, *Hoffmann*, Internationales Verwaltungsrecht, in: Besonderes Verwaltungsrecht, S. 781 ff., 792 f. m. w. N. sowie *Neumeyer*, Internationales Verwaltungsrecht, Bd. 4.

9 In diesem Sinne stellt *G. Schnorr*, Das Arbeitsrecht als Gegenstand internationaler Rechtssetzung, S. 9, nationales und internationales Sozialrecht gegenüber.

10 *v. Maydell*, Sach- und Kollisionsnormen im internationalen Sozialversicherungsrecht, S. 16 f.; *ders.*, Die dogmatischen Grundlagen des inter- und supranationalen Sozialrechts, in: VSSR 1973/74, S. 347 ff., 348; *ders.*, in: Burdenski / v. Maydell / Schellhorn, SGB-AT, § 30 Rz. 6 ff.

11 *v. Maydell*, in: Burdenski / v. Maydell / Schellhorn, SGB-AT, § 30 Rz. 8

12 Vgl. unter C.

griffsbestimmung würde aber die endgültige Klärung dieser Frage vorweggenommen[13].

II. Rechtsquellen

Wie oben bereits angedeutet, können die Normen des internationalen Sozialversicherungsrechts sowohl nationalen als auch internationalen Ursprungs sein.

1. Normen nationalen Ursprungs

Nationale Regelungen, die Sachverhalte mit Auslandsberührung im Rahmen der Sozialversicherung regeln, sind etwa die IV §§ 3 - 6 SGB, das Fremdrentengesetz und die §§ 1315 ff. RVO (= §§ 94 ff. AVG), die für den Bereich der Rentenversicherung die Zahlung von Leistungen bei Auslandsaufenthalt regeln. Daneben finden sich über das gesamte Sozialversicherungsrecht verstreut einzelne Vorschriften, die internationale Sachverhalte regeln. So werden gem. § 1237 c S. 1 RVO von den Rentenversicherungsträgern medizinische und berufsfördernde Leistungen zur Rehabilitation nur im Inland erbracht.

2. Normen supranationalen Ursprungs

Unmittelbare innerstaatliche Geltung entfalten, ohne daß es einer Transformation bedarf, die Rechtssätze des supranationalen Rechts der Europäischen Gemeinschaften[14]. Aufgrund Art. 51 EWG-Vertrag hat der Rat der Europäischen Gemeinschaften die Verordnung 1408/71 vom 14. 6. 1971 zur Anwendung der Systeme der sozialen Sicherheit auf Arbeitnehmer und deren Familien, die innerhalb der Gemeinschaft zu- und abwandern[15], erlassen. Zur Durchführung dieser Verordnung erließ der Rat die Verordnung 574/72 vom 21. 3. 1972[16].

Diese Verordnungen haben die EWG-Verordnung Nr. 3 des Rates vom 25. 9. 1958 über die soziale Sicherheit der Wanderarbeitnehmer[17], die zu ihrer Durchführung und Ergänzung ergangene Verordnung Nr. 4 vom 3. 12. 1958[18], sowie die Verordnung Nr. 36/63 des Rates vom 2. 4.

---

[13] So *v. Maydell* zuletzt in: Burdenski / v. Maydell / Schellhorn, SGB-AT, § 30 Rz. 8.

[14] *Runge*, Einführung in das Recht der Europäischen Gemeinschaften, S. 74.

[15] ABl. Nr. L 149/2 v. 5. 7. 1971.

[16] ABl. Nr. L 74/1/72.

[17] ABl. 1958, S. 561; zuletzt geändert durch VO 419/68 v. 27. 3. 1968 ABl. Nr. L 87/1.

[18] ABl. 1958, S. 597; zuletzt geändert durch VO 419/68 v. 27. 3. 1968 ABl. Nr. L 87/1.

1963 über die soziale Sicherheit der Grenzgänger[19] mit Wirkung vom 1. 10. 1972 abgelöst. Vorschriften über die Sozialpolitik der Gemeinschaften enthält der EWG-Vertrag in dem schon genannten Art. 51 sowie den Art. 117 - 128.

3. Normen internationalen Ursprungs

Mit einer ganzen Reihe insbesondere europäischer Staaten hat die Bundesrepublik Deutschland völkerrechtliche Verträge abgeschlossen, die Fragen der Sozialversicherung zum Gegenstand haben[20]. Sie stellen insbesondere die Gewährung von Leistungen im Ausland und die Anrechnung ausländischer Versicherungs-, Beschäftigungs- und Beitragszeiten sicher[21]. Daneben machen sie Aussagen darüber, welches nationale Sozialversicherungsrecht in bestimmten Fällen anwendbar ist[22]. Die Bestimmungen dieser Verträge werden, soweit sie Rechte Einzelner betreffen, im Wege der Transformation unmittelbar geltendes staatliches Recht.

Hierzu gehören neben den bilateralen Abkommen mit einer Reihe von Staaten auch multilaterale Verträge, wie etwa das Revidierte Abkommen vom 13. 2. 1961 über die Soziale Sicherheit der Rheinschiffer[23], die beiden Vorläufigen Europäischen Abkommen des Europarates über die Soziale Sicherheit vom 11. 12. 1953[24] sowie das Europäische Fürsorgeabkommen vom 11. 12. 1953[25].

Weitgehend Verpflichtungen nicht transformationsfähigen Inhalts[26] enthalten zahlreiche internationale Konventionen und Grundsatzerklärungen[27] sowie die Übereinkommen der Internationalen Arbeitsorganisation (IAO). Sie verpflichten zumeist die Staaten, bei der Ausgestaltung der sozialen Sicherung für einen gewissen Mindeststandard Sorge zu tragen, eine Ausgestaltung ihres Systems gemäß der in der Deklaration erfolgten Festlegung vorzunehmen oder bestimmte Ver-

---

[19] ABl. 1314/63; zuletzt geändert durch VO 108/64 v. 30. 7. 1964 ABl. 2138/64.

[20] Es ist hier zu verweisen auf die Sammlung von *Plöger / Wortmann*, Deutsche Sozialversicherungsabkommen mit ausländischen Staaten.

[21] Vgl. *Plöger / Wortmann*, Allgemeiner Teil, S. 89.

[22] *v. Maydell*, in: Burdenski / v. Maydell / Schellhorn, SGB-AT, § 30 Rz. 15.

[23] BGBl. II 1969, 1359.

[24] BGBl. II 1956, 508; diese Abkommen sollen abgelöst werden durch das Europäische Abkommen über soziale Sicherheit, veröffentlicht in: European Treaty Series No. 78, Council of Europe December 1972.

[25] BGBl. II 1956, 564.

[26] Vgl. zu dieser Terminologie *Maunz*, in: Maunz / Dürig / Herzog / Scholz, Grundgesetz, Rdnr. 25 f. zu Art. 59.

[27] Vgl. etwa die im Rahmen des Europarates zustande gekommene Europäische Sozialcharta v. 18. 10. 1961 (BGBl. II 1964, 1261) und die Europäische Ordnung der Sozialen Sicherheit v. 16. 4. 1964 (BGBl. II 1970, 909).

waltungsstellen einzurichten[28]. Einige Übereinkommen entfalten jedoch auch unmittelbare innerstaatliche Wirkung, so etwa das Übereinkommen Nr. 19 der IAO, das sich mit der Entschädigung bei Berufsunfällen befaßt[29].

C. Die Kollisionsnormen

I. Begriff

Im internationalen Privatrecht werden diejenigen Normen, die lediglich die Frage nach dem anwendbaren nationalen Recht beantworten, als Kollisionsnormen, Kollisionsstatuten, Konflikts-, Zuweisungs-, Verweisungs-, Rechtsanwendbarkeitsnormen oder Anknüpfungsregeln bezeichnet[30]. Der Begriff „Kollisionsnorm" ist der gebräuchlichste.

Die Beziehung zwischen dem zu beurteilenden Sachverhalt, dem Anknüpfungsgegenstand[31] und der anwendbaren Rechtsordnung stellt die Kollisionsnorm durch den Anknüpfungspunkt[32] her. Leitgedanke ist dabei nach einer Formel Savignys, daß „bei jedem Rechtsverhältnis dasjenige Rechtsgebiet aufgesucht werde, welchem dieses Rechtsverhältnis seiner eigenthümlichen Natur nach angehört oder unterworfen ist (worin dasselbe seinen Sitz hat)"[33] oder wie Gierke[34] es ausdrückt, wo „der Schwerpunkt der räumlichen Beziehungen des Rechtsverhältnisses" liegt[35].

Die Rechtssätze, auf die die jeweiligen Kollisionsnormen verweisen und die „unmittelbar das zugrundeliegende Lebensverhältnis"[36] regeln, sind die Sachnormen.

---

[28] Vgl. dazu den Überblick bei *v. Maydell*, in: Burdenski / v. Maydell / Schellhorn, SGB-AT, § 30 Rz. 11 ff.

[29] BSGE 30, 226 ff.

[30] Vgl. *Raape / Sturm*, Internationales Privatrecht, Bd. 1, S. 4.

[31] Oder auch Verweisungsbegriff, Verweisungsgegenstand, vgl. *Raape / Sturm*, Internationales Privatrecht, Bd. 1, S. 101 Fn. 2.

[32] Oder auch Anknüpfungsgrund-, -begriff, -moment, -tatsache, -merkmal vgl. *Raape / Sturm*, Internationales Privatrecht, Bd. 1, S. 109 Fn. 1.

[33] *v. Savigny*, System des heutigen Römischen Rechts, Bd. VIII, S. 28 und 108.

[34] *v. Gierke*, Deutsches Privatrecht, Bd. 1, S. 227.

[35] Vgl. auch *Neuhaus*, Die Grundbegriffe des Internationalen Privatrechts, S. 106 ff.; *Nußbaum*, Deutsches internationales Privatrecht, S. 41; *Dölle*, Internationales Privatrecht, S. 58.

[36] Vgl. nur *Raape / Sturm*, Internationales Privatrecht, Bd. 1, S. 5.

Die Verwendung dieses Begriffspaares Kollisions- und Sachnorm ist für den Bereich des Sozialversicherungsrechts nicht unbestritten. Während v. Maydell diese Unterscheidung auch für das Sozialrecht fruchtbar machen will[37], wird von Vogel die These aufgestellt, im öffentlichen Recht könne es Kollisionsnormen deshalb nicht geben, weil als Axiom davon auszugehen sei, „daß die Verwaltung prinzipiell nur ihr eigenes Verwaltungsrecht anzuwenden hat“[38]. Selb stellt fest, daß es nicht sinnvoll sei, das Begriffspaar Sach- und Kollisionsnorm zu verwenden, bzw. in „Verweisungsnormen“ und „Normen, auf die verwiesen wird“ zu denken, wenn nur die Anwendung des eigenen nationalen Rechts in Betracht komme und es lediglich darum gehe, die räumlichen Grenzen seiner Anwendung zu bestimmen[39].

Diesen Einwänden ist jedoch einmal entgegenzuhalten, daß die Frage nach der auf einen Sachverhalt mit Auslandsberührung anwendbaren Rechtsordnung auch dann eine kollisionsrechtliche Fragestellung ist, wenn es nur um die Grenzen der Anwendbarkeit des eigenen Rechts geht[40]. Es ist gerade Aufgabe des Kollisionsrechts und damit der Kollisionsnormen, bei Lebensverhältnissen mit Auslandsberührung festzustellen, den Normen welcher Rechtsordnungen die Rechtsfolge zu entnehmen ist[41]. Zum anderen kennt das Sozialversicherungsrecht nicht nur solche den Anwendungsbereich des eigenen Rechts begrenzenden Normen. Die von der Bundesrepublik Deutschland mit einer Reihe ausländischer Staaten abgeschlossenen Sozialversicherungsabkommen sowie die EWG-Verordnung Nr. 1408/71 des Rates zur Anwendung der Systeme der sozialen Sicherheit auf Arbeitnehmer und deren Familien, die innerhalb der Gemeinschaft zu- und abwandern, enthalten Normen, die nicht nur Aussagen machen über die Anwendung des deutschen Sozialversicherungsrechts, sondern aus denen sich die für den jeweiligen Sachverhalt maßgebende Rechtsordnung ermitteln läßt.

---

[37] Vgl. *v. Maydell*, Sach- und Kollisionsnormen im internationalen Sozialversicherungsrecht; *ders.*, Die dogmatischen Grundlagen des inter- und supranationalen Sozialrechts, in: VSSR 1973/74, S. 347 ff., insbesondere S. 357 ff.; vgl. auch *Rauscher / Krasney*, „Kollisionsnormen“ des Internationalen Sozialrechts und die Auswirkungen der Verträge der Bundesrepublik mit Polen und der DDR, in: VSSR 1973/74, S. 369 ff.; *Schäfer*, Die Kollisionsnormen im internationalen öffentlichen Arbeits- und Sozialversicherungsrecht der Bundesrepublik Deutschland, Dissertation, S. 67 ff.

[38] *Vogel*, Der räumliche Anwendungsbereich der Verwaltungsrechtsnorm; *ders.*, Internationales und interlokales Sozialverwaltungsrecht — Systematische Grundlagen —, in: Das Sozialrecht im geteilten Deutschland, S. 45 ff, insbesondere S. 47 ff.

[39] *Selb*, Internationales Sozialversicherungsrecht (Versuch einer Emanzipation), in: VSSR 1976, S. 293 ff., 294 f.

[40] *v. Maydell*, Die dogmatischen Grundlagen des inter- und supranationalen Sozialrechts, in: VSSR 1973/74, S. 347 ff., 358.

[41] *Martin Wolff*, Das internationale Privatrecht Deutschlands, S. 1.

Nach alledem erscheint es legitim, auch im Sozialversicherungsrecht das Begriffspaar Sach- und Kollisionsnormen zu verwenden. Dabei ist jedoch zu beachten, daß — und dies ist keine Eigenart des Sozialversicherungsrechts — zwischen Sachnormen einerseits und Kollisionsnormen andererseits Übergänge dergestalt möglich sind, daß Sachnormen selbst unmittelbar Regelungen für internationale Sachverhalte treffen[42].

II. Arten

Von Bedeutung für das internationale Sozialversicherungsrecht ist die Unterscheidung zwischen einseitigen Kollisionsnormen einerseits und zwei-, mehr- und allseitigen Kollisionsnormen andererseits[43]. Einseitige Kollisionsnormen treffen nur eine Aussage über die Anwendbarkeit eigenen Rechts, während die anderen auch bestimmen, wann fremdes Recht und welches fremde Recht anwendbar ist. Da im internationalen Sozialversicherungsrecht die Vorschriften der zwei- und mehrseitigen Abkommen sowie der EWG-Verordnung große Bedeutung haben, erscheint es aus Gründen der Begriffsklarheit geboten, unter zweiseitigen Kollisionsnormen nur solche Normen in bilateralen Verträgen zu verstehen, die bestimmen, welche von zwei Rechtsordnungen gilt; der Begriff „mehrseitige Kollisionsnormen" sollte den Kollisionsnormen in mehrseitigen Abkommen und in der EWG-Verordnung 1408/71 vorbehalten bleiben[44]. Diese machen eine Aussage darüber, welche von mehreren Rechtsordnungen Anwendung findet.

III. Der Territorialitätsgrundsatz als Ersatz für Kollisionsnormen

Da es im innerstaatlichen Sozialversicherungsrecht noch weitgehend an Kollisionsnormen fehlt, sahen sich Rechtsprechung und Schrifttum veranlaßt, Grundsätze zu entwickeln, mit deren Hilfe der räumliche Anwendungsbereich von Sachnormen bestimmt werden kann.

---

42 *v. Maydell*, Sach- und Kollisionsnormen im internationalen Sozialversicherungsrecht, S. 24; zum internationalen Privatrecht vgl. *Raape / Sturm*, Internationales Privatrecht, Bd. 1, S. 5.

43 Zu den Arten von Kollisionsnormen im internationalen Privatrecht vgl. nur *Firsching*, Einführung in das internationale Privatrecht, S. 30 ff. und *Raape / Sturm*, Internationales Privatrecht, Bd. 1, S. 94 ff.

44 Vgl. hierzu *Drobnig*, Die Kollisionsnormen in den Rechtshilfeverträgen der Staaten des Ostblocks, in: Osteuropa-Recht, 1960, S. 154 ff., 164 f.; *Neuhaus*, Grundbegriffe des Internationalen Privatrechts, S. 101.

Die Rechtspraxis[45] und weite Teile des Schriftums[46] haben bislang bei der Bestimmung der auf einen Sachverhalt mit Auslandsberührung anwendbaren Rechtsordnung pauschal auf den das Sozialversicherungsrecht beherrschenden Territorialitätsgrundsatz verwiesen, wonach sich „der räumliche Geltungsbereich der Sozial- und Arbeitslosenversicherungsgesetze auf das Inland erstreckt"[47]. Dagegen sind vermehrt kritische Stimmen laut geworden[48], wobei insbesondere darauf hingewie-

---

[45] BSGE 7, 257 f.; 17, 173 ff.; 31, 100 ff.; 32, 174 ff.; 33, 280 ff.; 40, 57 ff.

[46] *Brackmann*, Handbuch der Sozialversicherung, S. 308 m II; *ders.*, Der persönliche und räumliche Geltungsbereich nach dem Sozialgesetzbuch-Allgemeiner Teil. Gemeinsame Vorschriften für die Sozialversicherung in BG 1977, 173 ff.; *Brüggemann*, Auslandsbeschäftigung und Territorialitätsprinzip in der Arbeitslosenversicherung, in: DVZ 1956, 274 ff.; 1957, 35 ff. *Geginat*, Leistungsrechte im internationalen Sozialversicherungsrecht, Dissertation, S. 50 ff.; *Glasner*, Die „Ausstrahlung" am Scheidewege, in: BG 1970, 70 ff.; 71 ff.; *Jantz*, Soziale Sicherheit — überstaatliche Rechtsnormen, zwischenstaatliche Verträge, S. 3 f.; *Plöger / Wortmann*, Deutsche Sozialversicherungsabkommen mit ausländischen Staaten, Bd. 1, S. 1 ff.; *Schneider*, Kumulation oder Konkurrenz sozialversicherungsrechtlicher Ansprüche deutscher Arbeitnehmer bei Aufenthalt und Tätigkeit im Ausland?, Dissertation, S. 9 ff.; *Wannagat*, Lehrbuch des Sozialversicherungsrechts, Bd. 1, S. 399 ff.; *Weber*, Ist das Territorialitätsprinzip in der deutschen Sozial- und Arbeitslosenversicherung noch zeitgemäß? in: ZSR 1958, S. 415 ff.; *Wickenhagen*, Zwischenstaatliches Sozialversicherungsrecht, S. 20 ff.; *ders.*, Das Territorialitätsprinzip und seine Ausnahmen in der gesetzlichen Unfallversicherung, in: BG 1954, 66 ff.; *ders.*, Gedanken zum Territorialitätsprinzip in der Sozialversicherung, in: Festschrift für Kurt Hofmann, S. 83 ff.

[47] Vgl. *Wannagat*, Lehrbuch des Sozialversicherungsrechts, Bd. 1, S. 399 ff.

[48] *Fenge*, Der räumliche Geltungsbereich sozialversicherungsrechtlicher Normen, in: ZSR 1966, S. 257 ff.; *Glienicke*, Das sog. Territorialitätsprinzip in der deutschen Sozialversicherung, in SGb. 1966, S. 501 ff.; *v. Heinz*, Entsprechungen und Abwandlungen des privaten Unfall- und Haftpflichtversicherungsrechts in der gesetzlichen Unfallversicherung nach der Reichsversicherungsordnung, S. 500 f.; *Lohmann*, Die Auswirkungen des Territorialitätsprinzips (§ 30 SGB-AT) in der gesetzlichen Rentenversicherung, in: SGb. 1976, S. 121 ff.; *v. Maydell*, Sach- und Kollisionsnormen im internationalen Sozialversicherungsrecht, S. 62 ff.; *ders.*, Probleme des internationalen Sozialversicherungsrechts, in: DVBl. 1971, S. 905 ff.; *ders.*, Gedanken zur Formulierung von Kollisionsnormen im geplanten Sozialgesetzbuch, in: ZSR 1972, S. 265 ff., 328 ff.; *ders.*, in: SGb. 1973, S. 134 ff. (Urteilsanmerkung); *ders.*, Die dogmatischen Grundlagen des inter- und supranationalen Sozialversicherungsrechts, in: VSSR 1973/74, S. 347 ff.; *ders.*, in: Burdenski / v. Maydell / Schellhorn, SGB-AT, § 30 Rz. 60 f. *ders.*, Der Geltungsbereich des deutschen Sozialversicherungsrechts, in: BlStSozArbR 1977, S. 73 ff.; *ders.*, in: GK-SGB IV Vorbemerkungen vor §§ 3 - 6 Rz. 3 f.; *ders.*, Internationales Sozialversicherungsrecht, in: Festschrift zum 25jährigen Bestehen des BSG, S. 943 ff., 946 f.; *Podlech*, Gilt in der deutschen Unfallversicherung das Territorialitätsprinzip? in: NJW 1963, S. 1142 ff.; *Rohwer-Kahlmann / Frentzel*, Internationale Kollisionsnormen für das Sozialgesetzbuch, in: Das neue Sozialgesetzbuch, S. 75 ff., 84 ff.; *Schulte*, Die soziale Sicherheit deutscher Fachkräfte im Ausland, Dissertation, S. 25 ff.; *ders.*, Zur Bedeutung des Territorialitätsprinzips im Sozialverwaltungsrecht (§ 30 SGB-AT), in: ZSR 1976, S. 334 ff.; *Selb*, Internationales Sozialversicherungsrecht (Versuch einer Emanzipation), in: VSSR 1976, S. 293 ff.; *Vogel*, Der räumliche Anwendungsbereich der Verwaltungsrechtsnorm, S. 12 ff.; *ders.*,

sen wurde, daß das Territorialitätsprinzip diese Funktion nicht zu erfüllen vermag, da es keine Aussage darüber trifft, welche von mehreren territorialen Anknüpfungspunkten (z. B. Wohnsitz, Aufenthalt, Beschäftigungsort, Sitz des Arbeitgebers) maßgebend ist.

Das Territorialitätsprinzip wurde ursprünglich aufgefaßt als Rechtssatz, der aussagt, daß der Versicherungszwang seine Schranke an den Grenzen der inländischen Staatsgewalt findet; dies ergebe sich aus der völkerrechtlichen Grundnorm, daß staatliche Hoheitsgewalt ausschließlich im eigenen Hoheitsgebiet ausgeübt werden dürfe[49]. Ausstrahlung und Einstrahlung wurden als Ausnahmen von diesem Grundsatz angesehen[50]. Nun ist zuzugeben, daß eine allgemeine Regel des Völkerrechts dergestalt besteht, daß die Ausübung von Hoheitsakten auf fremdem Territorium verboten ist[51]. Das hat für den Bereich der Sozialversicherung zur Folge, daß etwa die technischen Aufsichtsbeamten der Berufsgenossenschaften[52] ihre Überwachungstätigkeit im Ausland nicht ausüben dürfen, wenn ein deutsches Unternehmen eine größere Anzahl von Arbeitnehmern zur vorübergehenden Tätigkeit ins Ausland entsendet (Ausstrahlung)[53]. Das geltende Völkerrecht enthält jedoch keinen Rechtssatz des Inhalts, daß es dem nationalen Gesetzgeber untersagt ist, Rechtsfolgen an das Vorliegen von Tatbestandsmerkmalen anzuknüpfen, die sich im Ausland realisiert haben. Damit läßt sich das Territorialitätsprinzip — verstanden als Schranke für den Versicherungszwang — nicht mit Hinweis auf geltendes Völkerrecht rechtfertigen[54].

Demzufolge bleibt lediglich noch, das Territorialitätsprinzip als bloßen Ordnungs- und Systembegriff zu begreifen[55]. Danach ist das Ter-

---

Internationales und interlokales Sozialverwaltungsrecht — Systematische Grundlagen, in: Das Sozialrecht im geteilten Deutschland, S. 45 ff.

49 BSGE 7, 257 ff., 263.

50 Vgl. nur BSGE 7, 257 ff. und *Wannagat*, Lehrbuch des Sozialversicherungsrechts, Bd. 1, S. 402 f.

51 Vgl. *v. Maydell*, Sach- und Kollisionsnormen im internationalen Sozialversicherungsrecht, S. 69; *Vogel*, Der räumliche Anwendungsbereich der Verwaltungsrechtsnorm, S. 101 m. w. N.; siehe auch *Seidl-Hohenveldern*, Völkerrecht, Rz. 1133 ff.

52 Vgl. §§ 712 ff. RVO.

53 Vgl. auch *v. Maydell*, Sach- und Kollisionsnormen im internationalen Sozialversicherungsrecht, S. 69; und *Glienicke*, in: SGb. 1966, S. 501 ff., 502, die darauf hinweisen, daß dieses Verbot etwa für die Vollstreckung von Beitragsbescheiden von Bedeutung sein kann.

54 Vgl. dazu *Fenge*, in: ZSR 1966, S. 257 ff., 258; *Glienicke*, in: SGb. 1966, 501 ff.; *v. Maydell*, Sach- und Kollisionsnormen im internationalen Sozialversicherungsrecht, S. 69; *Podlech*, in: NJW 1963, S. 1142 ff.; *Vogel*, Der räumliche Anwendungsbereich der Verwaltungsrechtsnorm, S. 102 ff. und 142 ff.

55 Vgl. dazu *v. Maydell*, Sach- und Kollisionsnormen im internationalen

ritorialitätsprinzip nur noch der Oberbegriff für alle die Fälle, in denen der Gesetzgeber den Geltungsbereich des nationalen Rechts nach territorialen Gesichtspunkten abgrenzt. Dann aber vermag dieser Grundsatz nicht mehr die Aufgabe zu erfüllen, die ihm die Rechtspraxis und weite Teile des Schrifttums zumessen.

Das Bundessozialgericht hat in einer Entscheidung des Großen Senats die von der neueren Literatur geäußerte Kritik gewürdigt, aber — soweit es die Frage der Versicherungspflicht anbetrifft — an der Bedeutung dieses Grundsatzes festgehalten[56]. Der Gewährung von Geldleistungen ins Ausland stehe das Territorialitätsprinzip aber nicht entgegen. Aus den o. g. Gründen vermag jedoch die Rechtsprechung auch in dieser relativierten Form nicht zu befriedigen.

Zusammenfassend ist festzustellen, daß der Territorialitätsgrundsatz als Ersatz für fehlende Kollisionsnormen nicht geeignet ist. Es ist vielmehr erforderlich, in diesen Fällen gemäß dem oben[57] genannten Leitgedanken solche Anknüpfungspunkte zu ermitteln, die den räumlichen Schwerpunkt des zu beurteilenden Rechtsverhältnisses bezeichnen.

D. Besonderheiten aus der Situation im geteilten Deutschland

Soweit es Sachverhalte anbetrifft, die Berührungen zur Deutschen Demokratischen Republik aufweisen, kann aufgrund der Tatsache, daß nach der in der Bundesrepublik Deutschland vertretenen Rechtsauffassung die Deutsche Demokratische Republik nicht Ausland ist[58], von Sachverhalten mit Auslandsberührung nicht gesprochen werden. Das hat dem Gesetzgeber des Sozialgesetzbuches dazu bewogen, in I § 30 SGB und IV §§ 3 - 5 SGB nicht die Begriffe „In-“ und „Ausland“ zu verwenden, sondern auf den Geltungsbereich des Sozialgesetzbuches Bezug zu nehmen[59]. Fraglich ist, ob wegen dieser staatsrechtlichen Besonderheit die Notwendigkeit besteht, von einem interzonalen oder interlokalen Sozialversicherungsrecht als innerdeutschem Pendant zum

Sozialversicherungsrecht, S. 70 ff. *Vogel*, Der räumliche Anwendungsbereich der Verwaltungsrechtsnorm, S. 142.

[56] BSGE 33, 280 ff. mit Anm. *v. Maydell*, in: SGb. 1973, S. 134 ff.; *ders.*, Internationales Sozialversicherungsrecht, in: Festschrift zum 25jährigen Bestehen des BSG, S. 943 ff., 946 f.

[57] Vgl. oben C I.

[58] Vgl. insbesondere BVerfGE 36, 1 ff., 22 ff. — Urteil zum Grundlagenvertrag —.

[59] Vgl. dazu auch *Hauck / Haines*, SGB IV/1 K § 3 Rz. 9.

internationalen Sozialversicherungsrecht zu sprechen[60]. In Parallele zu dem auch nach dem Grundlagenvertrag noch weiterbestehenden Sprachgebrauch im Privatrecht, wo weiterhin zwischen internationalem und interlokalem Privatrecht differenziert wird[61], soll auch hier zwischen internationalem und interlokalem Sozialversicherungsrecht unterschieden werden[62]. Da es aber ebenso wie bei Sachverhalten mit Auslandsberührung auch hier um die Frage geht, welches Sozialversicherungsrecht anwendbar ist bei einem Sachverhalt, der Beziehungen zu einem von der Bundesrepublik Deutschland unabhängigen Staat aufweist, lassen sich — wie der Hinweis auf einige Vorschriften des SGB gezeigt hat — die Regelungen und Grundsätze des internationalen Sozialversicherungsrechtes weitgehend heranziehen.

Die vorliegende Untersuchung befaßt sich daher sowohl mit internationalen als auch mit den interzonalen bzw. interlokalen Sachverhalten. Wenn im folgenden teilweise pauschal von „Ausland" die Rede ist, so bedeutet dies nicht eine Verkennung der besonderen staatsrechtlichen Situation im geteilten Deutschland; es dient dann vielmehr lediglich der sprachlichen Vereinfachung.

---

60 Vgl. auch *v. Maydell*, Sach- und Kollisionsnormen im internationalen Sozialversicherungsrecht, S. 18.

61 *Raape / Sturm*, Internationales Privatrecht, Bd. 1, S. 381 f.

62 Vgl. hierzu auch *Vogel*, Internationales und interlokales Sozialversicherungsrecht — Systematische Grundlagen —, in: Das Sozialrecht im geteilten Deutschland, S. 45 ff.

Zweiter Teil

Die Einstrahlung im internationalen Sozialversicherungsrecht

Erstes Kapitel

Die Einstrahlung nach innerstaatlichem Recht

A. Historische Entwicklung

I. Die Rechtsprechung des Reichsversicherungsamtes zur Einstrahlung in der Unfallversicherung

Bereits lange vor Inkrafttreten der am 19. 7. 1911 verkündeten Reichsversicherungsordnung[1] wurde das Reichsversicherungsamt erstmals mit dem heute mit „Einstrahlung" bezeichneten Problemkreis befaßt.

Die — soweit ersichtlich — ersten Entscheidungen betrafen die gesetzliche Unfallversicherung[2]. Sie war damals noch — anders als die übrigen Zweige der Sozialversicherung — als Betriebsversicherung ausgestaltet, d. h., daß die in bestimmten im Gesetz benannten Betrieben tätigen Arbeiter und Betriebsbeamten versichert waren (§ 1 Unfallversicherungsgesetz vom 6. 7. 1884)[3]. Die Betriebszugehörigkeit hatte also die Bedeutung, die heute das Beschäftigungsverhältnis einnimmt. Erst das Sechste Gesetz über Änderungen in der Unfallversicherung vom 9. 3. 1942[4] schaffte diese Betriebsversicherung ab und führte den noch heute gültigen Grundsatz der Personenversicherung, d. h. die Anknüpfung an das Beschäftigungsverhältnis ein[5]. Aus diesem Grunde

---

[1] RGBl., 509.

[2] RVA, in: AN 1887 Nr. 270, S. 24; RVA, in: AN 1887 Nr. 316, S. 122.

[3] RGBl., 69.

[4] RGBl. I, 107.

[5] Vgl. zur Reform des Systems der gesetzlichen Unfallversicherung durch Umstellung von der Betriebs- auf Personenversicherung *Lauterbach*, Unfallversicherung, Bd. 1, S. 67 ff.

stellte das Reichsversicherungsamt bei der Frage nach der Unfallversicherung im Inland für ein ausländisches Unternehmen tätiger Arbeitnehmer ausschließlich darauf ab, ob die Inlandstätigkeit des ausländischen Unternehmens nach Art und Umfang derartig ist, daß von einem inländischen Betrieb gesprochen werden kann. Dabei nahm das Reichsversicherungsamt Bezug auf eine zur Ausstrahlung ergangene Entscheidung[6]. Versicherungsfrei ist danach eine Inlandstätigkeit dann, wenn sie lediglich den Ausfluß eines ausländischen Betriebes darstellt[7]. Für den Fall, daß die Inlandstätigkeit des ausländischen Unternehmens als inländischer Betrieb zu qualifizieren ist, stellte das Reichsversicherungsamt fest, daß alle in diesem Betrieb beschäftigten Personen der Versicherungspflicht unterliegen ohne Rücksicht darauf, welche Staatsangehörigkeit sie besitzen und ob sie auf Dauer oder nur zeitweise auf Veranlassung des ausländischen Unternehmens im inländischen Betrieb tätig sind[8].

Trotz Umstellung der Unfallversicherung von der Betriebs- auf die Personenversicherung wurden die geschilderten Grundsätze zur Einstrahlung in der Unfallversicherung bis zum Inkrafttreten des Sozialgesetzbuches — Gemeinsame Vorschriften für die Sozialversicherung — praktiziert[9].

In bezug auf Selbständige wurde die Versicherungsfreiheit kraft Einstrahlung nicht erörtert, was seinen Grund vornehmlich in der erst spät erfolgten Einbeziehung dieses Personenkreises in das System sozialer Sicherheit findet[10].

II. Die ausdrücklichen Regelungen in den übrigen Bereichen der Sozialversicherung

In der von Anfang an vom Grundsatz der Personenversicherung beherrschten Invaliditäts- und Altersversicherung erfolgte bereits recht früh eine ausdrückliche Regelung dieses Problems. Ermächtigt durch § 3 Abs. 3 des Gesetzes betreffend die Invaliditäts- und Altersversicherung v. 22. 6. 1889[11] erließ der Bundesrat am 22. 12. 1891 eine Verordnung, die u. a. die „Befreiung vorübergehender Beschäftigungen von

[6] RVA, in: AN 1885 Nr. 72, S. 345.

[7] RVA, in: AN 1894 Nr. 1354, S. 284.

[8] RVA, in: AN 1893 Nr. 1259, S. 216; vgl. auch RVA, in: AN 1894 Nr. 1319, S. 195 f.

[9] Vgl. *Miesbach / Baumer*, Die gesetzliche Unfallversicherung, Anm. 6 a aa zu § 539.

[10] Vgl. dazu *Wannagat*, Lehrbuch des Sozialversicherungsrechts Bd. 1, S. 360 ff.

[11] RGBl., 97.

der Versicherungspflicht" regelte[12]. Sie ermächtigte die Regierungen der einzelnen Bundesstaaten, mit Zustimmung des Reichskanzlers widerruflich anzuordnen, „daß und inwieweit vorübergehende Dienstleistungen solcher Ausländer, denen der Aufenthalt in Grenzbezirken des Inlandes auf fest bestimmte kurze Zeit behufs Ausführung vorübergehender Arbeiten behördlich gestattet ist, sowie vorübergehend im Inlande stattfindende Dienstleistungen solcher Ausländer, welche übungsgemäß in Flößereibetrieben beschäftigt werden, als eine die Versicherungspflicht begründende Beschäftigung nicht anzusehen sind"[13]. Diese Verordnung wurde kurze Zeit später ergänzt durch die Verordnung des Bundesrates vom 24. 1. 1893[14], nach der generell „Dienstleistungen im Inlande von Bediensteten ausländischer Betriebe, soweit diese mit einzelnen Betriebshandlungen und vorübergehend ins Inland übergreifen"[15] nicht als Versicherungspflicht begründende Beschäftigungen anzusehen sind. Daneben enthielt diese Verordnung Vorschriften über die Versicherungsfreiheit von Bediensteten ausländischer Eisenbahnverwaltungen bei Dienstleistungen in Eisenbahnbetrieben des Inlandes sowie des Personals ausländischer Schiffe, die deutsche Wasserstraßen befahren[16, 17].

Für den Bereich der Krankenversicherung existieren — soweit ersichtlich — aus der Zeit vor dem Inkrafttreten der Reichsversicherungsordnung weder Entscheidungen des Reichsversicherungsamtes noch Verordnungen wie die oben beschriebenen. Dies hat seinen Grund darin, daß das Krankenversicherungsgesetz vom 15. 6. 1883[18] eine Versicherungspflicht dann nicht vorsah, wenn die Beschäftigung durch die Art ihres Gegenstandes oder vertraglich im voraus auf weniger als eine Woche beschränkt war. Damit waren die Fälle abgedeckt, für die die o. g. Verordnungen Versicherungsfreiheit vorsahen und in denen nach der geschilderten Rechtsprechung des Reichsversicherungsamtes dies eine Ausnahme von der Versicherungspflicht annahm[19].

Im Jahre 1911 wurden die drei Versicherungszweige Kranken-, Unfall- und Invalidenversicherung in einem Gesetzbuch — der Reichs-

---

12 RGBl., 399.

13 Ziff. I B der oben genannten Verordnung.

14 RGBl., 5.

15 Vgl. b der Verordnung.

16 Vgl. a und c der Verordnung.

17 Die im Jahre 1899 erfolgte Änderung und Neufassung des Gesetzes (RGBl., 463), die zugleich zu einer Umbenennung in Invalidenversicherungsgesetz führte, brachte hierzu keine Modifikationen. Vielmehr wurde die alte Verordnung bestätigt und nahezu wörtlich übernommen (RGBl., 1899, 725).

18 RGBl., 73; neugefaßt durch Gesetz v. 10. 4. 1892 RGBl., 379.

19 Vgl. *Stier-Somlo*, Reichsversicherungsordnung, Anm. 1 zu § 168 m. w. N.

versicherungsordnung — zusammengefaßt[20]. Die Reichsversicherungsordnung enthielt damals im Dritten Buch — Unfallversicherung — keine ausdrückliche Regelung der hier interessierenden Fragen. Für die Krankenversicherung durch § 168 und für die Invalidenversicherung durch § 1232 war der Bundesrat ermächtigt, zu bestimmen, inwieweit vorübergehende Dienstleistungen versicherungsfrei bleiben. Von der Ermächtigungsnorm des §168 RVO machte der Bundesrat Gebrauch durch eine vom Reichskanzler am 17. 11. 1913 verkündete Verordnung[21], die — soweit es den hier interessierenden Fragenkreis anbetrifft — die Regelungen der Verordnung zum Invalidenversicherungsgesetz von 1899[22] praktisch wörtlich übernahm[23]. Für die Invalidenversicherung blieb die Verordnung des Bundesrates von 1899 in Kraft[24].

Das Angestelltenversicherungsgesetz sah in seiner ursprünglichen Fassung[25] in § 8 — später in § 10[26] — eine dem § 1232 RVO damaliger Fassung entsprechende Ermächtigung vor. Die darauf ergangene Verordnung vom 9. 7. 1913[27] sah eine den oben geschilderten Verordnungen entsprechende Versicherungsfreiheit in den Einstrahlungsfällen nicht vor. Dies änderte sich erst durch die Verordnung über Versicherungsfreiheit vorübergehender Dienstleistungen in der Angestelltenversicherung vom 9. 2. 1923[28], die die Rechtslage in der Angestelltenversicherung der in der Kranken- und Invalidenversicherung bestehenden anglich.

Bei getrennten aber inhaltlich ähnlichen Verordnungen für Kranken-, Invaliden- und Angestelltenversicherungen blieb es bis zur Ersten Verordnung zur Vereinfachung des Leistungs- und Beitragsrechts in der Sozialversicherung vom 17. 3. 1945[29], die die Regelungen zur Versicherungsfreiheit vorübergehender Dienstleistungen gesetzestechnisch verklammerte. Eine detaillierte und mit den Verordnungen praktisch gleichlautende Regelung fand sich danach im Recht der Krankenversicherung (§ 168 Abs. 5 RVO). Danach blieben neben den vorübergehen-

---

20 Gesetz v. 19. 7. 1911, RGBl., 509.

21 RGBl., 756.

22 Vgl. oben Fn. 17.

23 Vgl. dazu auch *Stier-Somlo*, Reichsversicherungsordnung, Anm. 1 und 2 zu § 168.

24 Vgl. dazu auch *Hanow / Lehmann*, Reichsversicherungsordnung, Bd. IV, Anm. zu § 1232.

25 Versicherungsgesetz für Angestellte v. 20. 12. 1911, RGBl., 989.

26 Neubekanntmachung v. 28. 5. 1924, RGBl. I, 563.

27 RGBl., 571.

28 RGBl. I, 109.

29 RGBl. I, 41.

den Dienstleistungen des Personals ausländischer Verkehrsunternehmen im Inland auch die von Bediensteten ausländischer Betriebe im Ausland geleisteten Dienstleistungen versicherungsfrei, soweit die „Betriebe mit einzelnen Betriebshandlungen vorübergehend in das Inland" übergriffen. Im Recht der Rentenversicherung wurde auf diese Vorschrift verwiesen[30]. Da diese Verordnung in den letzten Kriegstagen im Reichsgesetzblatt veröffentlicht wurde, ergaben sich Zweifel hinsichtlich des Inkrafttretens dieser Verordnung. Es ist jedoch davon auszugehen, daß sie spätestens vom 7. 9. 1949 an im ganzen Bundesgebiet gegolten hat[31]. Der genannten Verordnung lag der Gedanke zugrunde, daß wegen des gemeinsamen Beitragseinzuges die Voraussetzungen für die Versicherungspflicht übereinstimmen müßte. In den Ländern der ehemaligen französischen und britischen Zone wurde die genannte Vereinfachungsverordnung bis etwa 1958 jedoch wegen der Unklarheiten über ihre Wirksamkeit nicht angewandt. Vielmehr verfuhr man weiterhin nach der alten Fassung des § 168 RVO, die die genannte gesetzestechnische Verklammerung nicht kannte. Die in diesen Ländern gemachten Erfahrungen bewogen den Gesetzgeber, diese Verbindung 1957 im Zuge der Rentenreform zu lösen[32]. Der Gesetzgeber schuf dann zwar für den Bereich der Rentenversicherung eine die Versicherungsfreiheit von Nebenbeschäftigungen regelnde Vorschrift, unterließ es jedoch, eine dem § 168 Abs. 5 RVO entsprechende Bestimmung in das Recht der Rentenversicherung aufzunehmen.

Dieser Rechtszustand blieb bestehen bis zum 1. 7. 1977, dem Tag des Inkrafttretens des Sozialgesetzbuches — Gemeinsame Vorschriften für die Sozialversicherung. Durch Art. 2 § 1 Ziff. 3 SGB — Gemeinsame Vorschriften für die Sozialversicherung — wurde § 168 RVO neu gefaßt und der frühere Abs. 5 durch IV § 5 SGB ersetzt. Regelungen über die Versicherungsfreiheit von vorübergehend im Inland tätigen Selbständigen existierten nach altem Recht nicht.

Hinzuweisen bleibt noch auf die Arbeitslosenversicherung. Bereits das Gesetz über Arbeitsvermittlung und Arbeitslosenversicherung vom 16. 7. 1927[33] knüpfte die Versicherung für den Fall der Arbeitslosigkeit an die Versicherungspflicht für den Fall der Krankheit aufgrund der Reichsversicherungsordnung oder des Reichsknappschaftsgesetzes an[34]. Damit war auch hier die aufgrund des § 168 RVO ergangene Verordnung

---

30 Vgl. § 1226 Ziff. 1 RVO (= § 1 Ziff. 1 AVG) in der Fassung der Verordnung v. 17. 3. 1945 RGBl. I, 41.

31 BSGE 3, 161 ff.

32 BT-Drucks. 2/2437, 63.

33 RGBl. I., 187.

34 Vgl. § 69 des Gesetzes über Arbeitsvermittlung und Arbeitslosenversicherung v. 16. 7. 1927.

über die Befreiung vorübergehender Dienstleistungen von der Versicherungspflicht vom 17. 11. 1913[35] in der Fassung vom 16. 12. 1927[36] anwendbar. An dieser Rechtslage änderte auch die am 3. 4. 1957 erfolgte Neufassung des Gesetzes nichts[37]. Das Arbeitsförderungsgesetz vom 25. 6. 1969[38] brachte eine Änderung insofern, als gem. § 168 AFG beitragspflichtig sind alle Personen, die als Arbeiter oder Angestellte oder zu ihrer Berufsausbildung beschäftigt sind. Soweit es die Einstrahlung anbetrifft, blieb es jedoch dennoch bei der alten Rechtslage, weil § 169 Ziff. 1 AFG bis zum 30. 6. 1975 eine Beitragsfreiheit für solche Arbeitnehmer vorsah, die nicht aufgrund ihres Beschäftigungsverhältnisses krankenversicherungspflichtig sind. Seit dem 1. 7. 1975 ist § 169 Ziff. 1 AFG in einer neuen Fassung[39] in Kraft, der unmittelbar auf § 168 RVO verweist. Durch Art. 2 § 9 Nr. 6 SGB — Gemeinsame Vorschriften für die Sozialversicherung — ist in das Arbeitsförderungsgesetz ein § 173 a eingefügt worden, wonach für die Beitragspflicht der Arbeitnehmer und Arbeitgeber IV § 5 SGB entsprechend gilt.

III. Die neuere Diskussion um die Einstrahlung

Etwa ab 1966 wurden vermehrt Fälle bekannt, in denen osteuropäische Baufirmen Aufträge von deutschen Auftraggebern übernahmen und zu ihrer Ausführung Bautrupps in die Bundesrepublik Deutschland entsandten. Dies führte zu einer Diskussion über den § 168 Abs. 5 Ziff. 4 RVO, wonach Dienstleistungen versicherungsfrei bleiben, „wenn sie von Bediensteten ausländischer Betriebe im Ausland geleistet werden, soweit diese Betriebe mit einzelnen Betriebshandlungen vorübergehend in das Inland übergreifen". Es ging in Sonderheit um die Frage, ob über diese enge Regelung hinaus eine Versicherungsfreiheit kraft Einstrahlung analog den zur Ausstrahlung entwickelten Grundsätzen angenommen werden kann.

Das Bundessozialgericht hatte 1962 entschieden, daß ein bei einem deutschen Betrieb beschäftigter Arbeitnehmer der deutschen Sozialversicherung auch dann noch unterliegt, „wenn er vorübergehend zu einer bestimmten Tätigkeit ins Ausland entsandt wird, die keine selbständige wirtschaftliche Bedeutung hat, sondern sich als Teil, Zubehör, Fortsetzung oder Ausstrahlung des inländischen Betriebes darstellt"[40].

---

35 RGBl., 756.

36 RGBl. I, 343.

37 BGBl. I, 322.

38 BGBl. I, 582.

39 Neufassung durch Art. 2 § 4 Nr. 3 des Gesetzes über die Sozialversicherung Behinderter v. 7. 5. 1975, BGBl. I, 1061.

40 BSGE 17, 173 ff., 177.

Als vorübergehend sah das Bundessozialgericht eine Auslandstätigkeit von zwölf Monaten an.

Eine Übertragung dieser Rechtsprechung auf die Einstrahlungsproblematik war jedoch wegen des insoweit eindeutigen Wortlauts des § 168 Abs. 5 Ziff. 4 RVO problematisch. Hieraus wurden in der Literatur unterschiedliche Folgerungen gezogen.

Wortmann sprach sich im Jahre 1966 dafür aus, die Regelung des § 168 Abs. 5 Ziff. 4 RVO, die unmittelbar nur für die Krankenversicherung und gem. § 168 Abs. 1 AFG (damals § 56 AVAVG) auch für die Arbeitslosenversicherung galt, auch in der Renten- und Unfallversicherung anzuwenden[41]. In allen Zweigen der Sozialversicherung gelten nach seinen Ausführungen vergleichbare Gesichtspunkte, die es rechtfertigen, einheitlich zu verfahren. Die Regelung des § 168 Abs. 5 Ziff. 4 RVO, die enger war als die der Ausstrahlungstheorie, sei auch sachlich gerechtfertigt, da sich sonst Fälle häufen könnten, in denen ausländische Arbeitnehmer — wenn ihr heimatliches System sozialer Sicherheit eine Erstreckung der Versicherungspflicht oder Versicherungsberechtigung auf Auslandstätigkeit nicht vorsehe — ohne irgendeinen Versicherungsschutz seien.

Gegen eine solche Anwendung des § 168 Abs. 5 Ziff. 4 RVO sprach sich Heyden aus[42]. Nach seiner Auffassung habe diese Vorschrift gegenüber dem Rechtsgedanken der Einstrahlung keine selbständige Bedeutung mehr. Die Regelung sei in Folge der grundlegenden Änderungen der Verhältnisse überholt; aus diesem Grunde müsse bei der Einstrahlungsproblematik ebenso wie schon bei der Ausstrahlungsproblematik auf die Grundgedanken des Gesetzes zurückgegriffen werden. Das Beschäftigungsverhältnis eines ins Inland entsandten Arbeitnehmers bleibe ein ausländisches, und es sei nicht Zweck des Gesetzes, diese ausländischen Beschäftigungsverhältnisse zu erfassen. Etwas anderes könne nur gelten, wenn für diesen Inlandsaufenthalt ein entsprechender Schutz durch das ausländische Sozialversicherungssystem nicht gewährleistet sei. Heyden löst sich damit vollständig von der ausdrücklichen Vorschrift und sieht es als richtiger an, für die Einstrahlung „nicht mehr auf bestimmte Vorschriften, die doch nur mehr oder weniger Rudimente des gesetzlichen Willens sind, Bezug zu nehmen“[43].

---

[41] *Wortmann*, Zur Versicherungspflicht bei Einstrahlung, in: WzS 1966, S. 109 f.

[42] *Heyden*, Nochmals: Versicherungspflicht bei Einstrahlung? in: SozVers 1966, S. 302 ff.

[43] *Heyden*, Nochmals: Versicherungspflicht bei Einstrahlung? in: SozVers 1966, S. 302 ff.

Eine rege Diskussion über die Reichweite der Versicherungsfreiheit kraft Einstrahlung löste ein Urteil des Landessozialgerichts Nordrhein-Westfalen aus[44]. Das Gericht verwies auf § 168 Abs. 5 Ziff. 4 RVO und lehnte eine über diese Regelung hinausgehende Versicherungsfreiheit kraft Einstrahlung ab. Die zur Ausstrahlung entwickelten Grundsätze könnten nicht analog herangezogen werden, da es an einer ausfüllungsbedürftigen Lücke fehle[45]. Die Ausführungen des Gerichts fanden weitgehend Zustimmung[46], wobei insbesondere darauf hingewiesen wurde, daß bei einer spiegelbildlichen Übertragung der Ausstrahlungstheorie die Arbeitnehmer aus Ländern, die eine Fortgeltung des heimatlichen Sozialversicherungsrechts bei Auslandsaufenthalt nicht kennen, zwischen die Stühle zweier Sozialversicherungssysteme geraten würden[47].

IV. Die Vorschläge der Literatur zur Formulierung einer Einstrahlungsregelung im Sozialgesetzbuch

Einen vorläufigen Abschluß hat diese Rechtsentwicklung gefunden durch IV § 5 SGB. Das Vorhaben der Kodifikation des Sozialrechts in einem Gesetzbuch geht zurück auf die Rothenfelser Denkschrift von 1955[48]. 1969 erklärte es Bundeskanzler Brandt in seiner Regierungserklärung als Ziel der Bundesregierung, ein Sozialgesetzbuch zu schaffen[49]. Das löste eine Diskussion aus über die möglichen und erforderlichen Kollisionsnormen in einem Sozialgesetzbuch.

Erstmals Vorschläge für die Formulierung einer die Einstrahlungsproblematik regelnden Vorschrift hat Wickenhagen in einem Aufsatz gemacht, der sich mit dem Geltungsbereich und den Kollisionsnormen

---

44 LSG Nordrhein-Westfalen, in: Breithaupt 1970, S. 987 ff.

45 Mit ähnlicher Argumentation lehnte das LSG Berlin in zwei Urteilen eine über § 168 Abs. 5 RVO hinausgehende Versicherungsfreiheit kraft Einstrahlung ab (Urt. v. 16. 9. 1970, in: Beitragsrecht, S. 296 A 4 a 23 ff.; Urt. v. 13. 11. 1974 — L 9 Kr 28/73 — unveröffentlicht).

46 *Haensel*, Anm. zu LSG Nordrhein-Westfalen, in: SGb. 1971, S. 113 f.; *Höhn*, Vorübergehende Beschäftigung von Auslandsangestellten im Inland, in: DAngVers 1972, S. 367 ff.; *Kühl*, Anm. zu LSG Nordrhein-Westfalen, in: ABA 1970, S. 335; *Noack*, Die Tätigkeit ausländischer Unternehmen in der Bundesrepublik Deutschland, in: SozVers 1974, S. 126 ff.; ablehnend für die Unfallversicherung: *Rienau*, Sind Ausländer aus Nichtvertragsstaaten bei Tätigkeiten für ausländische Unternehmen ohne Inlandssitz unfallversichert? in: SozVers 1973, S. 101 ff.

47 *Kühl*, Anm. zu LSG Nordrhein-Westfalen, in ABA 1970, S. 335.

48 *Achinger / Höffner / Muthesius / Neundörfer*, Neuordnung der sozialen Leistungen, S. 132 ff.; vgl. auch *v. Maydell*, in: Burdenski / v. Maydell / Schellhorn, SGB-AT, Einleitung Rz. 20 f.

49 Bulletin des Presse- und Informationsamtes der Bundesregierung 1969, S. 1121 ff., 1126.

eines Sozialgesetzbuchs befaßt[50]. Er spricht sich dagegen aus, die Einstrahlung als negative Ausstrahlung anzusehen und schematisch auf sie die Grundsätze der Ausstrahlung negativ anzuwenden. Die Situation sei insofern eine grundlegend andere. Es bestehe ein berechtigtes Interesse deutscher Unternehmen daran, daß ausländische Unternehmen hier zu den gleichen Bedingungen arbeiten wie die inländischen. Weiterhin bestehe ein Interesse daran, daß die Unfallverhütungsvorschriften der Berufsgenossenschaften auch Anwendung finden für diese Unternehmen. Es sei auch zu bezweifeln, daß in allen in Betracht kommenden Einstrahlungsfällen das System der sozialen Sicherung des Herkunftsstaates ausreichenden Schutz gewährleiste. Aus diesen Gründen spricht er sich für eine Einstrahlungsregelung aus, die nur solche Personen von der deutschen Sozialversicherung ausnimmt, die für einen kurzen Zeitraum im Inland tätig sind. Er hält dabei eine Frist von drei Monaten für vertretbar, die jedoch auf Antrag verlängert werden kann.

Von Maydell folgt den von Wickenhagen gemachten Vorschlägen, ohne allerdings eine bestimmte Einstrahlungsfrist zu nennen[51]. In den Fällen allerdings, in denen ein ausreichender sozialer Schutz des entsandten Arbeitnehmers durch die Sozialversicherung seines Heimatstaates sichergestellt ist, solle großzügiger verfahren werden; insoweit solle die deutsche Sozialversicherung die Einstrahlung in demselben Maße anerkennen, wie von ihr die Ausstrahlung praktiziert werde.

Auch Rohwer-Kahlmann / Frentzel gehen wohl davon aus, daß Ein- und Ausstrahlung unterschiedlich zu regeln sind[52]. Sie schlagen für den Fall der Einstrahlung eine zeitgemäße Fassung des § 168 Abs. 5 Ziff. 4 RVO vor; die von ihnen empfohlene Dauer der Einstrahlung von drei Monaten soll auf Antrag verlängert werden können[53]. Für das Verkehrswesen empfehlen sie eine weitgehende Beibehaltung der Regelungen der Nummern 1 und 2 des § 168 Abs. 5 RVO. Sie schlagen auch eine Einstrahlungsregelung für Selbständige vor, nach der die Inlandstätigkeit ausländischer Selbständiger dann von der deutschen Sozialversicherung ausgenommen bleiben soll, wenn sie vorübergehender Natur ist.

---

[50] *Wickenhagen,* Gedanken zum Geltungsbereich und zu den Internationalen Kollisionsnormen eines Sozialgesetzbuches, in: ZSR 1971, S. 513 ff., 590 ff. insbesondere 595 ff.

[51] *v. Maydell,* Gedanken zur Formulierung von Kollisionsnormen im geplanten Sozialgesetzbuch, in: ZSR 1972, S. 264 ff., 328 ff., insbesondere 275 f.

[52] *Rohwer-Kahlmann / Frentzel,* Internationale Kollisionsnormen für das Sozialgesetzbuch, in: Das neue Sozialgesetzbuch, S. 75 ff.

[53] *Rohwer-Kahlmann / Frentzel,* Internationale Kollisionsnormen für das Sozialgesetzbuch, in: Das neue Sozialgesetzbuch, S. 95.

V. Der Gang der Gesetzgebung

Eine ausdrückliche und gegenüber der Ausstrahlungsregelung kürzere Einstrahlungsfrist hat auch — wie Rohwer-Kahlmann / Frentzel berichten[54] — der Ausschuß für Sozialversicherung der Sachverständigen-Kommission für das Sozialgesetzbuch vorgeschlagen; es war von drei Monaten die Rede. Der Gesetzgeber hat jedoch diese Vorschläge nicht aufgegriffen und die Einstrahlung entsprechend der Ausstrahlung formuliert. Das bisherige System der sozialen Sicherheit bleibt — so die amtliche Begründung[55] — für Arbeitnehmer, die zu vorübergehender Tätigkeit ins Inland entsandt worden sind, weiterhin verantwortlich. Es wird auf die Regelungen in den Sozialversicherungsabkommen über entsandte Arbeitnehmer verwiesen und dargelegt, daß kein Anlaß bestehe, Arbeitnehmer aus Nicht-Abkommens-Staaten anders zu behandeln. Starre Höchstfristen entsprächen nicht mehr den Erfordernissen des modernen Arbeits- und Wirtschaftslebens[56]. Die Fassung des ursprünglichen Entwurfs ist dann unverändert als IV § 5 SGB Gesetz geworden.

B. Die Regelung der Einstrahlung im Sozialgesetzbuch

Diese seit dem 1. 7. 1977 geltende Vorschrift sieht in Abs. 1 vor, daß die deutschen Vorschriften über die Versicherungspflicht und die Versicherungsberechtigung nicht gelten für Arbeitnehmer, die im Rahmen eines außerhalb des Geltungsbereiches des Sozialgesetzbuches bestehenden Beschäftigungsverhältnisses in diesen Geltungsbereich entsandt werden, sofern die Entsendung infolge der Eigenart der Beschäftigung oder vertraglich im voraus zeitlich begrenzt ist. Gemäß Abs. 2 dieser Vorschrift gilt dies entsprechend für selbständig Erwerbstätige.

I. Das Verhältnis von § 5 zu den anderen Kollisionsnormen des Sozialgesetzbuchs

IV § 5 SGB trifft eine Aussage über die Nichtanwendbarkeit deutschen Sozialversicherungsrechts in den unter dem Stichwort „Einstrahlung" erörterten Sachverhalten mit Auslandsberührung. Im Sinne der oben[57] erfolgten Begriffsbestimmung handelt es sich damit um eine

---

[54] *Rohwer-Kahlmann / Frentzel*, Internationale Kollisionsnormen für das Sozialgesetzbuch, in: Das neue Sozialgesetzbuch, S. 93.

[55] BT-Drucks. 7/4122, 31 zu § 5.

[56] BT-Drucks. 7/4122, 30 zu § 4.

[57] Siehe oben. Erster Teil 1. Kapitel unter C II.

einseitige Kollisionsnorm oder nach der Terminologie Neumeyers[58] um eine Grenznorm, da sie nur Aussagen über die Anwendung des eigenen, des deutschen Sozialversicherungsrechts trifft. Neuhaus[59] bezeichnet solche Kollisionsnormen, die nur die Anwendung des deutschen Rechtes ausschließen, als negativ einseitige Kollisionsnormen.

Ebenso wie die die Ausstrahlung regelnde Vorschrift des IV § 4 SGB stellt IV § 5 SGB eine Ausnahme dar von dem in IV § 3 Nr. 1 SGB aufgestellten Grundsatz, wonach die Vorschriften über die Versicherungsberechtigung immer dann gelten, wenn die abhängige Beschäftigung oder selbständige Tätigkeit ausgeübt wird im Geltungsbereich des Sozialgesetzbuches. IV § 4 SGB erstreckt die Anwendbarkeit dieser Vorschriften auf vorübergehende Auslandstätigkeit und IV § 5 SGB schränkt sie für die unter dem Stichwort „Einstrahlung" zu fassenden Fälle vorübergehender Inlandstätigkeit ein. Alle diese Vorschriften betreffen nur die Beitrags- oder Deckungsseite.

Eine Kollisionsnorm enthält mit I § 30 Abs. 1 SGB auch das Sozialgesetzbuch — Allgemeiner Teil. Dieser Norm, nach der die Vorschriften des Sozialgesetzbuches für alle Personen mit Wohnsitz oder gewöhnlichem Aufenthalt im Geltungsbereich des Sozialgesetzbuches gelten, geht IV § 5 SGB als lex specialis vor[60].

Diese Regelungen als Bestätigung des Territorialitätsprinzips aufzufassen[61] ist nur insoweit zutreffend, als damit umschrieben wird, daß diese Normen, indem sie etwa mit Beschäftigungsort und Wohnsitz arbeiten, territoriale Anknüpfungspunkte wählen[62]. Damit reduziert sich die Bedeutung dieses Begriffes auf einen Gegensatz zum Personalitätsprinzip als dem Sammelbegriff für persönliche Anknüpfungspunkte wie etwa Staatsangehörigkeit.

II. Die Gleichstellung von Ein- und Ausstrahlung im Sozialgesetzbuch

Die praktisch gleichlautende Regelung von Ein- und Ausstrahlung läßt erkennen, daß den Vorschriften der IV §§ 4 und 5 SGB ein einheitliches Prinzip zugrunde liegt. Der Gesetzgeber hat erkannt, daß es bei Ein- und Ausstrahlung um eine kollisionsrechtliche Fragestellung geht

---

58 *Neumeyer*, Internationales Verwaltungsrecht, Bd. 4, S. 115 f.

59 *Neuhaus*, Grundbegriffe des Internationalen Privatrechts, S. 102.

60 Vgl. dazu *v. Maydell*, in: GK-SGB IV vor §§ 3 - 6 Rz. 11.

61 So die amtl. Begründung BT-Drucks. 7/4122, S. 30 zu § 3 und *Albrecht*, Der persönliche und räumliche Geltungsbereich der Sozialversicherung nach dem Sozialgesetzbuch, in: ZfS 1977, 1 ff.

62 *Jungk*, Das Prinzip der „Ausstrahlung" in der gesetzlichen Unfallversicherung, Dissertation, S. 64; *v. Maydell*, in: Burdenski / v. Maydell / Schellhorn, SGB-AT, § 30 Rz. 25.

und deshalb — wie auch aus der amtlichen Begründung deutlich wird[63] — den Schwerpunkt des Beschäftigungsverhältnisses als maßgeblichen Anknüpfungspunkt bezeichnet. Dies bedeutet aber zugleich, daß für solche Arbeitnehmer, deren Beschäftigungsverhältnis seinen Schwerpunkt im Ausland hat, grundsätzlich auch während einer vorübergehenden Inlandstätigkeit das heimatliche System sozialer Sicherheit weiterhin verantwortlich bleibt[64].

Es wird damit die Konsequenz aus der Tatsache gezogen, daß in den anderen Staaten, aus denen Arbeitnehmer ins Inland entsandt werden, Systeme sozialer Sicherheit bestehen, die grundsätzlich die dort Beschäftigten erfassen. Lebenssachverhalte, die ihren Schwerpunkt im Gebiet eines anderen Staates haben, sollen sozialversicherungsrechtlich der jeweiligen ausländischen Rechtsordnung unterfallen. Auf diesem Gedanken beruht die Versicherungsfreiheit bei Einstrahlung; das deutsche Sozialversicherungsrecht respektiert auf diese Weise ausländische Ausstrahlungsfälle und vermeidet damit weitgehend Doppelversicherungen.

Diese Regelung kann zu einem nahtlosen Ineinandergreifen der beteiligten Sozialversicherungssysteme dann führen, wenn die Rechtsordnung des Staates, aus dem der Arbeitnehmer entsandt wird, eine Ausstrahlungsregelung vorsieht, die dem IV § 4 SGB entspricht. Es wird damit im Idealfall ein Zustand erreicht, der dem entspricht, wie er durch die Entsendungsregelungen in den Abkommen und in der EWG-VO 1408/71 erreicht wird. Dort werden Ein- und Ausstrahlung mit einer einzigen Regelung erfaßt, da jede Einstrahlung vom Staate aus betrachtet, aus dem der Arbeitnehmer ins Inland entsandt wird, eine Ausstrahlung ist.

Auf diese Weise ist zwar eine vom systematischen Ansatz her zutreffende Lösung des Kollisionsproblems vorgenommen worden[65]. Das darf jedoch nicht darüber hinwegtäuschen, daß diese Regelung Schwierigkeiten hervorruft, sofern die Rechtsordnung des Staates, aus dem der Arbeitnehmer ins Inland entsandt worden ist, eine unserer Ausstrahlungsregelung entsprechende Bestimmung nicht kennt. Dann genießt ein solcher Arbeitnehmer während seines Inlandsaufenthaltes keinen oder nur einen unzureichenden sozialrechtlichen Schutz.

Die Regelung der IV §§ 4 und 5 SGB setzt damit eine weitgehende Gleichwertigkeit der beteiligten Sozialrechtsordnungen voraus. Dies aber ist insbesondere deshalb problematisch, weil gerade mit den Staaten, deren System dem unseren in etwa gleichwertig ist, zumeist

---

[63] BT-Drucks. 7/4122, 30 zu § 4.

[64] BT-Drucks. 7/4122, 31 zu § 5.

[65] Vgl. hierzu und zum folgenden *v. Maydell*, in: GK-SGB IV § 5 Rz. 7 ff.

Sozialversicherungsabkommen mit ausdrücklichen Entsendungsregelungen bestehen, während dies hinsichtlich der Staaten, die über kein ausgebautes System sozialer Sicherheit verfügen, nur in geringem Umfang der Fall ist. IV § 5 SGB hat also Bedeutung gerade für solche Arbeitnehmer, die aus einem Staat ins Inland entsandt werden, dessen System sozialer Sicherung dem deutschen nicht gleichwertig ist.

III. Der Inhalt des IV § 5 SGB

1. Die Einstrahlungsregelung für Arbeitnehmer

Die in IV § 5 Abs. 1 SGB enthaltene Einstrahlungsregelung für Arbeitnehmer benennt zunächst die Vorschriften, deren räumlicher Anwendungsbereich Gegenstand der Norm ist. Danach bezeichnet sie die Voraussetzungen, unter denen diese Vorschriften unanwendbar sind.

a) Erfaßte Rechtsvorschriften

IV § 5 SGB befaßt sich mit der Anwendbarkeit der Vorschriften über die Versicherungspflicht und die Versicherungsberechtigung, die eine Beschäftigung voraussetzen. Darunter sind solche zu verstehen, in denen die Beschäftigung ausdrücklich als Tatbestandsmerkmal genannt ist. Damit scheiden alle diejenigen Vorschriften aus, die die auf Versicherungspflicht oder Versicherungsberechtigung beruhende Zugehörigkeit zur Sozialversicherung an andere Merkmale wie etwa den Wohnsitz oder den gewöhnlichen Aufenthalt, anknüpfen. In solchen Fällen findet — abgesehen von den in IV 5 Abs. 2 SGB angesprochenen Fällen — bei Sachverhalten mit Auslandsberührung generell IV § 3 Nr. 2 SGB Anwendung[66].

Was unter Versicherungspflicht und Versicherungsberechtigung zu verstehen ist, definiert das Gesetz in IV § 2 Abs. 1 SGB. Versicherungspflicht bedeutet danach, daß ohne Rücksicht auf den Willen des Versicherungspflichtigen oder des Sozialversicherungsträgers bei Erfüllung bestimmter Voraussetzungen ein Sozialversicherungsverhältnis unmittelbar von Gesetzes wegen oder aufgrund einer Satzung zustande kommt[67], während im Falle der Versicherungsberechtigung das Sozialversicherungsverhältnis durch eine Willenserklärung des Versicherungsberechtigten begründet wird[68]. Daher ist trotz ihrer Bezeichnung die Versicherungspflicht auf Antrag ein Fall der Versicherungsberechtigung[69].

---

[66] Vgl. hierzu *Hauck / Haines*, SGB IV/1 K § 3 Rz. 6.

[67] *Merten*, in: GK-SGB IV § 2 Rz. 51.

[68] *Merten*, in: GK-SGB IV § 2 Rz. 68 ff.; BSGE 23, 248 ff., 251.

[69] *Merten*, in: GK-SGB IV § 2 Rz. 94.

Vorschriften über die Versicherungspflicht, die eine Beschäftigung voraussetzen, sind etwa die §§ 165 Abs. 1 Nr. 1 und 2, 539 Abs. 1 Nr. 1, 1227 Abs. 1 Nr. 1 RVO, § 2 Abs. 1 Nr. 1 AVG. Nicht erfaßt werden damit insbesondere Rentner, Studenten, Arbeitslose und Rehabilitanden (vgl. §§ 165 Abs. 1 Nr. 3 - 5, 1227 Abs. 1 Nr. 8 a und 10 RVO, § 2 Abs. 1 Nr. 10 a und 12 AVG).

Während die Beschäftigung in Vorschriften über die Versicherungspflicht häufig Tatbestandsvoraussetzung ist[70], gilt dies für die Versicherungsberechtigung in sehr viel geringerem Maße. Es wird daher zumeist IV § 3 Nr. 2 SGB einschlägig sein. Als Vorschriften über die Versicherungsberechtigung, die eine Beschäftigung voraussetzen, sind insbesondere der mitarbeitende Familienangehörige betreffende § 176 Abs. 1 Nr. 1 RVO und § 176 a RVO zu nennen, der das Beitrittsrecht für höherverdienende Angestellte regelt[71].

b) Voraussetzungen der Einstrahlung

Das Gesetz nennt in § 5 Abs. 1 drei Voraussetzungen für eine Einstrahlung:

1. ein außerhalb des Geltungsbereichs des Sozialgesetzbuchs bestehendes Beschäftigungsverhältnis,
2. die Entsendung in den Geltungsbereich des Sozialgesetzbuchs und
3. die zeitliche Begrenzung der Entsendung.

aa) Außerhalb des Geltungsbereichs des Sozialgesetzbuchs bestehendes Beschäftigungsverhältnis

In Anknüpfung daran, daß die erfaßten Rechtsvorschriften sämtlich solche sind, die das Vorliegen einer Beschäftigung als Tatbestandsvoraussetzung vorsehen, nimmt IV § 5 Abs. 1 SGB Bezug auf das Beschäftigungsverhältnis. Nach der amtlichen Begründung soll ein Beschäftigungsverhältnis nur dann von der deutschen Sozialversicherung erfaßt werden, wenn „sichergestellt ist, daß der Schwerpunkt der rechtlichen und tatsächlichen Merkmale dieses Beschäftigungsverhältnisses im Geltungsbereich des Sozialgesetzbuchs liegt“[72]. Besteht trotz Inlandstätigkeit ein Beschäftigungsverhältnis weiterhin außerhalb des Geltungsbereichs, so bleibt das bisherige System sozialer Sicherheit weiterhin verantwortlich[73]. Damit ist auch klargestellt, daß der Gesetz-

---

[70] *Merten*, in: GK-SGB IV § 7 Rz. 4.

[71] Vgl. *Hauck / Haines*, SGB IV/1 K § 3 Rz. 6.

[72] BT-Drucks. 7/4122, 30 zu § 4.

geber Einstrahlung versteht i. S. von Einstrahlung des Beschäftigungsverhältnisses und nicht des Betriebes.

(1) Das Beschäftigungsverhältnis

(a) Die für die Begriffsbestimmung maßgebliche Rechtsordnung

Dadurch, daß IV § 5 Abs. 1 SGB die Einstrahlung u. a. abhängig macht vom Vorliegen eines außerhalb des Geltungsbereichs des Sozialgesetzbuchs bestehenden Beschäftigungsverhältnisses, benennt diese Vorschrift Tatbestandsmerkmale, die sich im Ausland verwirklichen. Es ist daher, bevor der Begriff Beschäftigungsverhältnis näher bestimmt werden kann, zunächst die Frage zu erörtern, welches Recht für die Auslegung dieses Tatbestandsmerkmals maßgeblich ist.

So kann etwa die Rechtsordnung des Staates, aus dem der Arbeitnehmer ins Inland entsandt wird, etwas als Beschäftigungsverhältnis qualifizieren, was nach deutschem Recht die Voraussetzungen dafür nicht erfüllen würde. Es ist auch denkbar, daß die inländische Rechtsordnung das Beschäftigungsverhältnis als eigenständige Rechtsfigur neben der des Arbeitsverhältnisses (Arbeitsvertrages) nicht kennt. Es geht damit also um die Frage, auf welche Art und Weise ausländische Rechtsinstitute und ihre Eingebundenheit in die ausländische Rechtsordnung im deutschen nationalen Sozialversicherungsrecht Berücksichtigung finden[74].

Bei der Beantwortung dieser Frage ist davon auszugehen, daß es sich hier um die Auslegung einer Norm deutschen Rechts handelt, die ihre Prägung im deutschen Recht erfahren hat. Mit dem Begriff Beschäftigungsverhältnis wird im deutschen nationalen Sozialversicherungsrecht ein ganz bestimmter durch Literatur und Rechtsprechung geprägter Begriffsinhalt verbunden. Die Verwendung dieses Begriffes in einer Kollisionsnorm spricht dafür, daß Richtschnur der Auslegung auch dieser Kollisionsnorm der im nationalen Sozialversicherungsrecht entwickelte Begriffsinhalt sein soll, daß also die Tatbestandsmerkmale dieser Kollisionsnorm vom Standpunkt desjenigen Rechts auszulegen sind, dem die Kollisionsnorm angehört[75].

Bei der Subsumtion ist dann allerdings die Eingebundenheit des Lebenssachverhaltes in die jeweilige ausländische Rechtsordnung zu

---

[73] BT-Drucks. 7/4122, 31 zu § 5.

[74] Vgl. auch *v. Maydell,* in: GK-SGB IV § 5 Rz. 11.

[75] *Neuhaus,* Die Grundbegriffe des Internationalen Privatrechts, S. 152.

berücksichtigen[76]. Maßgebend bleibt jedoch der im deutschen nationalen Sozialversicherungsrecht entwickelte Begriffsinhalt[77].

(b) Die Begriffsbestimmung

Was unter Beschäftigung und damit unter Beschäftigungsverhältnis zu verstehen ist, wird in IV § 7 SGB umschrieben. Beschäftigung i. S. dieser Vorschrift ist die in persönlicher Abhängigkeit vom Arbeitgeber erfolgende Arbeitsleistung[78]. Diese persönliche Abhängigkeit kommt vornehmlich dadurch zum Ausdruck, daß der Beschäftigte in einen Betrieb oder eine Verwaltung eingegliedert ist und regelmäßig der Weisungsbefugnis des Arbeitgebers unterliegt[79]. Allerdings kann das Weisungsrecht hinsichtlich der Ausführung der Arbeit stark eingeschränkt sein und ggf. sogar ganz zurücktreten. Das ändert dann jedoch nichts an der Fremdbestimmtheit der Arbeitsleistung, wenn sie von der Ordnung des jeweiligen Betriebes geprägt wird[80]. Als bedeutsame Anhaltspunkte für die Abgrenzung von abhängiger Beschäftigung und selbständiger Tätigkeit sieht das Bundessozialgericht außerdem das Vorhandensein oder Fehlen eines eigenen Unternehmerrisikos[81] sowie die wirtschaftliche und soziale Stellung des Dienstleistenden an[82]. Letztlich ausschlaggebend bleibt aber immer das Gesamtbild der Tätigkeit unter Berücksichtigung der Verkehrsanschauung[83]. In Zweifelsfällen kann nur eine Gesamtwürdigung aller Merkmale der Tätigkeit klären, ob eine abhängige Beschäftigung oder eine selbständige Tätigkeit vorliegt[84]. Diese Beschäftigung wird in der Regel aufgrund eines Arbeitsvertrages erbracht. Das Vorliegen eines wirksamen Arbeitsvertrages ist jedoch keine notwendige Voraussetzung. Vielmehr ist entscheidend die tatsächliche Arbeitsleistung ohne Rücksicht auf die Wirksamkeit des Arbeitsvertrages[85]. Das Verhältnis, in dem diese abhängige Arbeitsleistung erfolgt, wird als Beschäftigungsverhältnis bezeichnet.

---

76 Vgl. dazu auch *Holl*, Die Berücksichtigung ausländischer Rechtsinstitute im innerstaatlichen öffentlichen Recht, Dissertation, S. 70.

77 Vgl. auch *Holl*, Die Berücksichtigung ausländischer Rechtsinstitute im innerstaatlichen öffentlichen Recht, S. 93 ff.; ähnlich *v. Maydell*, in: GK-SGB IV § 5 Rz. 11.

78 BSG 3, 30 ff., 35; 8, 278 ff., 282; 10, 41 ff., 44 f.; 11, 257 ff., 259 ff.; 13, 130 ff., 132; 13, 196 ff., 197 ff.; 15, 65 ff., 69; 16, 289 ff., 293; 20, 6 ff., 8; SozR Nr. 62 zu § 165 RVO; SozR Nr. 15 zu § 1227 RVO; vgl. auch *Merten*, in: GK-SGB IV § 7 Rz. 9 m. w. N.

79 BSGE, ebenda.

80 BSGE 20, 6 ff., 8; SozR Nr. 55 zu § 165 RVO jeweils unter Hinweis auf BSGE 16, 289 ff., 293 f.

81 SozR Nr. 51 zu § 165 RVO.

82 SozR Nr. 15 zu § 1227 RVO.

83 SozR Nr. 51 zu § 165 RVO; SozR Nr. 4 zu § 2 AVG.

84 BSGE 11, 257 ff., 260; SozR Nr. 51 und 55 zu § 165 RVO.

An dieser Konkretisierung des Begriffs Beschäftigung bzw. des Begriffs Beschäftigungsverhältnis hat sich auch die Subsumtion der ausländischen Lebenssachverhalte zu orientieren. Die Berücksichtigung der Eingebundenheit des Lebenssachverhaltes in die andere Rechtsordnung geschieht etwa dadurch, daß bei der Prüfung, ob ein Beschäftigungsverhältnis vorliegt, das Ausmaß der Weisungsabhängigkeit unter Heranziehung des ausländischen Rechts geklärt wird. Diese Berücksichtigung der Eingebundenheit in eine ausländische Rechtsordnung verdeutlicht auch eine Entscheidung des Bundessozialgerichts, in der es darum ging, ob ein Kolchosbauer abhängig Beschäftigter oder Selbständiger ist[86]. Die Vorinstanz hatte die Auffassung vertreten, daß der Bauer Miteigentümer der Kolchose und damit Selbständiger sei. Hier zog das Bundessozialgericht sowjetisches Recht heran, ging auf den Begriff des sozialistischen Eigentums ein und arbeitete schließlich heraus, daß die rechtliche Stellung eines Kolchosbauern zu den Kollektivgütern derjenigen eines Miteigentümers nach deutschem Recht nicht gleichgestellt werden könne[87].

(2) *Die Lokalisierung des Beschäftigungsverhältnisses*

(a) Die kollisionsrechtliche Bedeutung des Beschäftigungsverhältnisses

Wenn — wie oben gezeigt — in IV § 5 SGB das Beschäftigungsverhältnis in den Vordergrund gerückt wird, so trägt dies der Tatsache Rechnung, daß der Gesetzgeber, soweit er die Versicherungspflicht und die Versicherungsberechtigung vom Vorliegen einer Beschäftigung (eines Beschäftigungsverhältnisses) abhängig macht, nur diejenigen Personen von der deutschen Sozialversicherung erfaßt wissen will, deren Beschäftigung sich derart im Inland realisiert, daß ein Sozialversicherungsschutz nach deutschem Recht sinnvoll erscheint[88]. Damit ist das Beschäftigungsverhältnis das für die Bestimmung des anwendbaren nationalen Rechts maßgebende Rechtsverhältnis. In Anlehnung an die Lehre Savignys[89] und Gierkes[90] ist daher idealiter für jedes einzelne Beschäftigungsverhältnis das nationale Soziasversicherungs-

---

85 Vgl. *Brackmann*, S. 306 h I ff.; *Merten*, in: GK-SGB IV § 7 Rz. 25; *Seiter*, Sozialversicherungsrechtliches Beschäftigungsverhältnis und Arbeitsverhältnis, in: VSSR 1976, S. 179 ff.; BSGE 1, 115 ff., 117 f.; 11, 86 ff., 89; 15, 89 ff., 91.

86 BSGE 24, 251 ff.

87 BSGE 24, 251 ff., 254.

88 Vgl. die amtl. Begründung zu SGB IV §§ 3 - 5, in: BT-Drucks. 7/4122, 30 f.

89 *v. Savigny*, System des heutigen Römischen Rechts, Bd. 8, S. 27, 108.

90 *v. Gierke*, Deutsches Privatrecht, Bd. 1, S. 217.

recht des Staates anzuwenden, in dem das Beschäftigungsverhältnis seinen Schwerpunkt hat[91]. Dem hat der Gesetzgeber in IV § 3 Nr. 1 SGB dadurch Rechnung getragen, daß er die Vorschriften über die Versicherungspflicht und die Versicherungsberechtigung, soweit sie eine Beschäftigung voraussetzen, für anwendbar erklärt auf alle Personen, die im Inland beschäftigt sind, d. h. deren Beschäftigungsort sich im Inland befindet. Am Beschäftigungsort liegt typischerweise der Schwerpunkt des Beschäftigungsverhältnisses, weil Voraussetzung für das Vorliegen eines Beschäftigungsverhältnisses die Leistung abhängiger Arbeit ist[92]. Der Gesetzgeber hat damit den Beschäftigungsort in Übereinstimmung mit der bisherigen Rechtsprechung[93] und Lehre[94] sowie der internationalen Praxis[95] zum typischen Anknüpfungspunkt erklärt.

Der tatsächliche Beschäftigungsort vermag jedoch nicht in allen Fällen den Schwerpunkt des Beschäftigungsverhältnisses zu kennzeichnen. Einen solchen Fall regelt IV § 5 Abs. 1 SGB. Trotz Vorliegens eines inländischen faktischen Beschäftigungsortes[96] ist es nicht sinnvoll, den in der Vorschrift näher umschriebenen Personenkreis der deutschen Sozialversicherung zu unterwerfen. Es sind dies nach der Wertung des Gesetzgebers Fälle, die derart mit dem Ausland verknüpft sind, daß eine Verantwortlichkeit des inländischen Systems sozialer Sicherheit nicht sachgerecht ist. Der Schwerpunkt des maßgeblichen Rechtsverhältnisses, d. h. also hier des Beschäftigungsverhältnisses liegt dann außerhalb des Geltungsbereichs des Sozialgesetzbuchs; das Beschäftigungsverhältnis besteht außerhalb des Geltungsbereichs.

Faßt man mit der h. M.[97] das Beschäftigungsverhältnis als ein rein tatsächliches Verhältnis auf, so bereitet es Schwierigkeiten, das zu-

---

[91] *v. Maydell*, Sach- und Kollisionsnormen im internationalen Sozialversicherungsrecht, S. 56.

[92] *v. Maydell*, Sach- und Kollisionsnormen im internationalen Sozialversicherungsrecht, S. 85.

[93] BSGE 33, 137 ff., 140.

[94] *Hauck / Haines*, SGB IV/1 K § 3 Rz. 7; *Kaltenbach / Maier*, in: Koch / Hartmann, Die Rentenversicherung im Sozialgesetzbuch, Bd. I, SGB IV § 3 Rz. 9; *v. Maydell*, Sach- und Kollisionsnormen im internationalen Sozialversicherungsrecht, S. 85; *ders.*, in: GK-SGB IV § 3 Rz. 4.

[95] Vgl. für die Schweiz *Stein*, Das internationale Sozialversicherungsrecht der Schweiz, S. 20 f.; vgl. auch Art. 13 Abs. 2 a EWG-Verordnung 1408/71 und statt aller: Art. 5 des deutsch-österreichischen Abkommens über Soziale Sicherheit.

[96] Zum Begriff „faktischer Beschäftigungsort" vgl. *Merten*, in: GK-SGB IV § 9 Rz. 9.

[97] Vgl. nur *Albrecht*, Das versicherungsrechtliche Beschäftigungsverhältnis, in: SozVers 1962, 72 ff.; *Bley*, Sozialrecht C II 2 a dd (1), S. 107 ff. und C II 3, S. 136 ff.; *Brackmann*, Handbuch der Sozialversicherung, S. 306 h I ff.; *v. Heinz*, Entsprechungen und Abwandlungen des privaten Unfall- und Haftpflichtversicherungsrechts in der gesetzlichen Unfallversicherung nach der Reichs-

grunde liegende Beschäftigungsverhältnis trotz Inlandstätigkeit als ein außerhalb des Geltungsbereichs des Sozialgesetzbuchs bestehendes zu begreifen, da die tatsächliche Arbeitsleistung das entscheidende ist und daher kein vollständiges Beschäftigungsverhältnis im Ausland vorliegen kann. Man wird annehmen müssen, daß es sich im Falle des IV § 5 Abs. 1 SGB um ein Verhältnis handelt, daß wegen seiner Verknüpfungen zu einer ausländischen Sozial- und Wirtschaftsordnung von Rechts wegen als ein außerhalb des Geltungsbereichs des Sozialgesetzbuchs bestehendes zu behandeln ist[98]. Folgt man dagegen der insbesondere von Seiter[99] und Merten[100] vertretenen Auffassung, wonach anzuknüpfen ist an das privatrechtliche Arbeitsverhältnis, so tauchen diese Schwierigkeiten nicht auf, da in diesem Fall die rechtliche Beziehung die fortbestehende Verknüpfung zum Ausland dokumentiert.

(b) Das Fortbestehen des Beschäftigungsverhältnisses außerhalb des Geltungsbereichs des Sozialgesetzbuchs als zentrales Tatbestandsmerkmal

Bei der Beantwortung der Frage, wann ein solches Beschäftigungsverhältnis ein außerhalb des Geltungsbereichs des Sozialgesetzbuchs bestehendes ist, ist auszugehen von dem Beschäftigungsort als dem regelmäßigen Anknüpfungspunkt i. S. des internationalen Sozialversicherungsrechts. Dieser bestimmt im Regelfall, ob das Beschäftigungsverhältnis außerhalb oder innerhalb des Geltungsbereichs des Sozialgesetzbuchs besteht.

Die Besonderheit der unter dem Stichwort „Einstrahlung" diskutierten Fälle besteht nun darin, daß sie Beziehungen zu einer anderen als der am faktischen Beschäftigungsort geltenden Rechtsordnung auf-

---

versicherungsordnung, S. 341 ff.; *Jahn*, Allgemeine Sozialversicherungslehre, S. 27 ff.; *Lauterbach*, Unfallversicherung, Anm. 9 zu § 539; *Riechels*, Zur Dogmatik des sozialversicherungspflichtigen Beschäftigungsverhältnisses, in: ZSR 1962, 1 ff., 74 ff., 144 ff., 194 ff., 269 ff., 346 ff., 409 ff., 472 ff., insbesondere 346 ff., 409 ff.; *Rüfner*, Einführung in das Sozialrecht, S. 83 f.; *Wannagat*, Lehrbuch des Sozialversicherungsrechts, Bd. 1, S. 310 ff.; BSGE 1, 115 ff., 117 f.; 11, 86 ff., 89; 15, 89 ff., 91.

[98] So *v. Maydell*, in: GK-SGB IV § 4 Rz. 10.

[99] *Seiter*, Sozialversicherungsrechtliches Beschäftigungsverhältnis und Arbeitsverhältnis, in: VSSR 1976, 179 ff.

[100] *Merten*, Die Rechtsnatur der Beziehungen zwischen dem versicherten Beschäftigten und seinem Arbeitgeber im Sozialversicherungsrecht, in: Festschrift für Karl Sieg, S. 383 ff.; *ders.*, in: GK-SGB IV § 7 Rz. 40 ff.; vgl. auch *Krejci*, Das sozialversicherungsrechtliche Beschäftigungsverhältnis, in: Vers Rdsch 1976, S. 224 ff., 277 ff.; *Wallerath*, Das sozialversicherungsrechtliche Beschäftigungsverhältnis, in: ZSR 1977, S. 159 ff.

weisen, deren Intensität derart ist, daß demgegenüber der Beschäftigungsort als Anknüpfungspunkt für die Bestimmung des anwendbaren Sozialversicherungsrechts zurücktreten muß. In diesen Fällen vermag der Beschäftigungsort nicht den Schwerpunkt des Beschäftigungsverhältnisses zu kennzeichnen[101]; ein Beschäftigungsverhältnis mit Schwerpunkt im Ausland strahlt insoweit ins Inland ein.

Darüber, wie im Falle der Einstrahlung diese Auslandsbeziehung beschaffen sein muß, trifft IV § 5 Abs. 1 SGB keine Aussage; die Vorschrift sagt lediglich, daß der jeweilige Arbeitnehmer im Rahmen eines außerhalb des Geltungsbereichs des Sozialgesetzbuchs bestehenden Beschäftigungsverhältnisses in diesen Geltungsbereich entsandt worden sein muß und verlangt daneben eine vertragliche oder sich aus der Eigenart der Beschäftigung ergebende zeitliche Begrenzung der Entsendung. IV § 5 Abs. 1 SGB nennt damit nicht, wie dies bei Kollisionsnormen zumeist der Fall ist, den maßgeblichen Anknüpfungspunkt, sondern geht in Anlehnung an IV § 3 Nr. 1 SGB aus vom Beschäftigungsort und nennt die Merkmale, die in den Einstrahlungsfällen den Beschäftigungsort als tauglichen Anknüpfungspunkt entwerten. Dieser scheidet danach deshalb aus, weil die Arbeitsleistung am faktischen Beschäftigungsort unter Fortbestand einer Verknüpfung zum Ausland im Rahmen einer Entsendung erfolgt und diese Entsendung — damit auch die Inlandstätigkeit — im voraus zeitlich begrenzt ist. Das Beschäftigungsverhältnis des in der geschilderten Weise im Inland tätigen Arbeitnehmers bleibt ein außerhalb des Geltungsbereichs des Sozialgesetzbuchs bestehendes deshalb, weil die Faktoren, die es mit dem Ausland verknüpfen, gegenüber dieser Verknüpfung mit dem Inland bedeutsamer sind.

Daraus folgt, daß eine endgültige Aussage darüber, ob ein außerhalb des Geltungsbereichs des Sozialgesetzbuchs bestehendes Beschäftigungsverhältnis vorliegt, erst nach Prüfung aller in IV § 5 Abs. 1 SGB genannten Tatbestandsmerkmale getroffen werden kann; der Fortbestand des Beschäftigungsverhältnisses außerhalb des Geltungsbereichs des Sozialgesetzbuchs ist also das zentrale Tatbestandsmerkmal und die übrigen in IV § 5 Abs. 1 SGB genannten Kriterien sind Indizien dafür, daß nach der Wertung des Gesetzgebers ein außerhalb des Geltungsbereichs des Sozialgesetzbuchs bestehendes Beschäftigungsverhältnis vorliegt[102].

Im folgenden sollen daher die Verknüpfungen zum Ausland ermittelt werden, die während der Inlandstätigkeit fortbestehen und die kom-

---

101 *v. Maydell,* Sach- und Kollisionsnormen im internationalen Sozialversicherungsrecht, S. 86; *ders.,* Der Geltungsbereich des deutschen Sozialversicherungsrechts, in: BlStSozArbR 1977, 73 ff., 74.

102 *v. Maydell,* in: GK-SGB IV § 4 Rz. 7.

biniert mit der befristeten Entsendung den Beschäftigungsort als tauglichen Anknüpfungspunkt zurücktreten lassen.

(c) Der maßgebliche Anknüpfungspunkt

In der Literatur sind Anknüpfungspunkte benannt worden, die in den Einstrahlungsfällen geeignet sein sollen, den Schwerpunkt des Beschäftigungsverhältnisses zu kennzeichnen und damit darüber Auskunft geben, ob das jeweilige Beschäftigungsverhältnis außerhalb des Geltungsbereichs des Sozialgesetzbuchs besteht.

α) Anknüpfung an den Sitz des Arbeitgebers

Den Sitz des Arbeitgebers und damit den Sitz des Beschäftigungsunternehmens sehen als maßgeblich an Bley[103] und von Maydell[104]. Nach Auffassung des letzteren ist die Begründung eines Beschäftigungsverhältnisses zu einem außerhalb des Geltungsbereichs des Sozialgesetzbuchs tätigen Unternehmen neben den Kriterien Entsendung und befristete Inlandstätigkeit ein Umstand, den ein solches Beschäftigungsverhältnis zu einem außerhalb des Geltungsbereichs des Sozialgesetzbuchs bestehenden macht[105].

β) Anknüpfung an den Sitz des Betriebes

An den Sitz des Betriebes knüpfen Hauck / Haines an[106]. Die Verwendung des Begriffes Beschäftigungsverhältnis deute darauf hin, daß bei der Lokalisierung des Beschäftigungsverhältnisses die rechtlichen Merkmale im Vordergrund stünden. Der Arbeitsvertrag müsse deshalb mit einem Betrieb außerhalb des Bundesgebietes einschließlich des Landes Berlin bestehen[107].

γ) Vermittelnde Auffassung

Eine Kombination aus der Anknüpfung an den Sitz des Arbeitgebers und aus der an den Betrieb sehen Kaltenbach / Maier[108] vor. Nach ihrer Auffassung muß zwischen dem ins Inland entsandten Arbeitnehmer und einem Arbeitgeber mit Sitz außerhalb des Geltungsbereichs des

---

103 *Bley,* Schwerpunkte der Gemeinsamen Vorschriften für die Sozialversicherung im Sozialgesetzbuch, in: ZSR 1977, 513 ff., 518.

104 *v. Maydell,* Der Geltungsbereich des deutschen Sozialversicherungsrechts, in: BlStSozArbR 1977, 73 ff., 74.

105 *v. Maydell,* in: GK-SGB IV § 4 Rz. 10 f.

106 *Hauck / Haines,* SGB IV/1 K § 4 Rz. 4 und K § 5 Rz. 4.

107 *Hauck / Haines,* SGB IV/1 K § 4 Rz. 4 und K § 5 Rz. 4.

108 *Kaltenbach / Maier,* in: Koch / Hartmann, Die Rentenversicherung im Sozialgesetzbuch, Bd. 1, IV SGB § 5 Rz. 11.

Sozialgesetzbuchs während der Tätigkeit im Inland ein Beschäftigungsverhältnis bestehen. Ein solches außerhalb des Geltungsbereichs des Sozialgesetzbuchs bestehendes Beschäftigungsverhältnis liege jedoch dann nicht vor, wenn der entsandte Arbeitnehmer in einem Betrieb des ausländischen Unternehmens im Inland, der sich nicht als Teil, Zubehör, Fortsetzung oder Ausstrahlung eines ausländischen Unternehmens darstelle, eingegliedert sei[109].

δ) Eigene Stellungnahme

Den geschilderten Auffassungen ist gemeinsam, daß sie auf Merkmale abstellen, welche eine den Wechsel des Beschäftigungsortes überdauernde Verknüpfung zum Ausland bezeichnen. Eine weitere Gemeinsamkeit besteht darin, daß es jeweils Kriterien sind, die mit dem Beschäftigungsverhältnis, der abhängigen Beschäftigung des Arbeitnehmers zusammenhängen; bei der Bestimmung der Belegenheit des Beschäftigungsverhältnisses können nur solche Gesichtspunkte maßgebend sein.

Grundgedanke des IV § 5 Abs. 1 SGB ist es, diejenigen Personen von der deutschen Sozialversicherung auszunehmen, die außerhalb des Geltungsbereichs des Sozialgesetzbuchs beschäftigt sind und vorübergehend in den Geltungsbereich entsandt werden[110]. Für sie soll das bisherige System sozialer Sicherheit weiterhin verantwortlich sein. Der Anknüpfungspunkt muß daher auf das System sozialer Sicherheit verweisen, das für die betreffende Person weiterhin verantwortlich sein soll.

Es läßt sich dabei in erster Linie denken an die Verknüpfung, die sich aus dem der Arbeitsleistung zugrundeliegenden Rechtsverhältnis ergibt. Das würde dafür sprechen, an den Sitz des Arbeitgebers als des Vertragspartners anzuknüpfen.

Wie oben erörtert, ist wesentliches Merkmal des Beschäftigungsverhältnisses die persönliche Abhängigkeit des Arbeitnehmers. Diese kommt vornehmlich dadurch zum Ausdruck, daß der Beschäftigte in einen Betrieb oder eine Verwaltung eingegliedert ist. Eine den Wechsel des faktischen Beschäftigungsortes überdauernde Verknüpfung mit dem Ausland kann daher auch in der fortbestehenden Eingliederung des jeweiligen Arbeitnehmers in einen ausländischen Betrieb erblickt werden.

---

[109] *Kaltenbach / Maier*, in: Koch / Hartmann, Die Rentenversicherung im Sozialgesetzbuch, Bd. 1, IV SGB § 5 Rz. 11; so auch Richtlinien zur versicherungsrechtlichen Beurteilung von Arbeitnehmern bei Ausstrahlung (§ 4 SGB IV) und bei Einstrahlung (§ 5 SGB IV) vom 17. Januar 1979, in: DAngVers 1979, 247 ff. unter 3.2. und 4.2.

[110] BT-Drucks. 7/4122, 31 zu § 5.

Bestimmend bei der Suche nach dem maßgeblichen Anknüpfungspunkt muß die Funktion sein, die der Einstrahlungsregelung zukommt. Die Vorschrift nimmt die von ihr erfaßten Arbeitnehmer vom Schutzbereich der deutschen Sozialversicherung aus. Nach der Wertung des Gesetzgebers bedürfen solche Arbeitnehmer nicht des Schutzes der deutschen Sozialversicherung, die außerhalb des Geltungsbereichs des Sozialgesetzbuchs beschäftigt sind und zu vorübergehender Tätigkeit in diesen Geltungsbereich entsandt wurden. Für sie bleibt das bisherige System sozialer Sicherheit weiterhin verantwortlich[111]. Nicht sichergestellt ist jedoch, daß der jeweilige Arbeitnehmer während seines Inlandsaufenthalts auch tatsächlich weiterhin dem Schutz des heimatlichen Systems sozialer Sicherheit untersteht. Es liegt daher nahe, über die Formulierung des Anknüpfungspunktes zu versuchen, den Kreis der von der Einstrahlungsregelung erfaßten Personen möglichst klein zu halten. Ein solches Verfahren stößt jedoch deshalb auf Bedenken, weil der Gesetzgeber Ein- und Ausstrahlung gleichlautend geregelt hat[112]; der für IV § 5 Abs. 1 SGB maßgebliche Anknüpfungspunkt muß deshalb in gleicher Weise für IV § 4 Abs. 1 SGB verwendbar sein. Im Rahmen des IV § 4 Abs. 1 SGB ist aber ein derartiges Bedürfnis, den erfaßten Personenkreis klein zu halten, nicht zu ermitteln.

Nach einhelliger Meinung in Rechtsprechung und Schrifttum zum Sozialversicherungsrecht ist Arbeitgeber derjenige, zu dem der Arbeitnehmer in einem Verhältnis persönlicher Abhängigkeit steht, der also den Arbeitnehmer beschäftigt[113]. Dieser Arbeitgeber ist nach rechtlichen Gesichtspunkten zu ermitteln. Maßgebend ist also nicht, wer faktisch das Weisungsrecht ausübt. Arbeitgeber ist derjenige, der Gläubiger des Anspruchs auf die Arbeitsleistung und Schuldner des Lohnanspruchs ist[114].

Die im Sozialversicherungsrecht überwiegend vertretene Konkretisierung des Begriffes Betrieb ist identisch mit der arbeitsrechtlichen[115]. Nach einer Definition Huecks ist der Betrieb „die organisatorische Einheit, innerhalb derer ein Unternehmer allein oder in Gemeinschaft mit seinen Mitarbeitern mit Hilfe von sächlichen und immateriellen Mitteln bestimmte arbeitstechnische Zwecke fortgesetzt verfolgt“[116].

---

111 BT-Drucks. 7/4122, 31 zu § 5.

112 Zur rechtspolitischen Würdigung der Gleichstellung von Aus- und Einstrahlung vgl. *v. Maydell*, in: GK-SGB IV § 5 Rz. 7 ff.

113 BSGE 8, 278 ff., 282; 18, 190 ff., 196; 26, 280 ff., 282; *Brackmann*, Handbuch der Sozialversicherung, S. 306 n m. w. N.; *Wannagat*, Lehrbuch des Sozialversicherungsrechts, Bd. 1, S. 251.

114 BSGE 18, 190 ff., 197; LSG Niedersachsen, in: SGb. 1977, 255 Nr. 2; *Merten*, in: GK-SGB IV § 7 Rz. 28.

115 Vgl. *Merten*, in: GK-SGB IV § 9 Rz. 49.

Der Sitz des Betriebes befindet sich dort, wo der wirtschaftliche Mittelpunkt der Tätigkeit ist; entscheidend ist dafür der Schwerpunkt der Verwaltung, nicht aber der Produktion[117].

Das Band, das den ins Inland entsandten Arbeitnehmer weiterhin mit dem Ausland verbindet, kann nach den bisherigen Ausführungen zum einen die fortbestehende vertragliche Bindung an den Arbeitgeber und zum anderen die fortbestehende Eingliederung in den ausländischen Betrieb sein.

Kriterien dafür, ob und inwieweit ein Arbeitnehmer während seiner Inlandstätigkeit noch in den entsendenden ausländischen Betrieb eingegliedert ist, lassen sich nur schwer ermitteln, zumal der Begriff der Eingliederung, der synonym mit dem Begriff „Einordnung" gebraucht wird, weitgehend konturenlos ist[118]. Von den Vertretern der sog. Eingliederungstheorie wird die Eingliederung in den Betrieb als der eigentliche Begründungsakt des Arbeitsverhältnisses angesehen[119]; daran anknüpfend entschied das Bundessozialgericht vor Inkrafttreten des Arbeitnehmerüberlassungsgesetzes, daß unzulässige Arbeitsvermittlung immer dann vorliege, wenn der Arbeitnehmer „nach der ganzen Gestaltung der Verhältnisse ... in den Betrieb" des Entleihers eingeordnet sei[120]. In solchen Fällen komme ein Arbeitsverhältnis zwischen Entleiher und Arbeitnehmer zustande.

Die Eingliederung wird als Voraussetzung für das Eingreifen der unfallversicherungsrechtlichen Haftungsbeschränkung (§§ 637 f. RVO) in ganz anderer Weise verstanden. Es geht dabei um die Frage, inwieweit sich dieses Haftungsprivileg auch auf die vorübergehende Tätigkeit von Arbeitnehmern in einem fremden Unternehmen erstreckt. Voraussetzung dafür sei, daß der Arbeitnehmer in dieses Unternehmen nach Art eines eigenen Arbeitnehmers eingegliedert sei. Die Annahme einer Eingliederung setze aber nicht voraus, daß sich der verletzte Arbeitnehmer den Anweisungen des fremden Unternehmens

---

116 *Hueck,* in: Hueck / Nipperdey, Lehrbuch des Arbeitsrechts, Bd. I, S. 93: vgl. auch *Dietz / Richardi,* BetrVG § 1 Rz. 56; *Merten,* in: GK-SGB IV § 9 Rz. 49; grundlegend zum Begriff des Betriebes *Jacobi,* Betrieb und Unternehmen als Rechtsbegriffe.

117 *Aye / Göbelsmann,* RVO-Gesamtkommentar Anm. 2 zu § 154; *Merten,* in: GK-SGB § 9 Rz. 51.

118 Zur Kritik am Eingliederungsbegriff vgl. insbesondere *Mayer-Maly,* Das Leiharbeitsverhältnis, in: ZfA 1972, 1 ff., 7 ff.

119 *Nikisch,* Vom Arbeitsverhältnis, in: Festschrift für H. Lehmann (1936), S. 285 ff.; *ders.,* Das Arbeitsverhältnis im Betriebe; *ders.,* Dienstpflicht und Arbeitspflicht, in: Festschrift für Nipperdey (1955), S. 65 ff.; *ders.,* Die Eingliederung in ihrer Bedeutung für das Arbeitsrecht, in: RdA 1960, 1 ff.; *ders.,* in: Arbeitsrecht, Lehrbuch Bd. 1, S. 164 ff.; *Maus,* Das deutsche Arbeits- und Sozialrecht 1. Band: Das Arbeitsverhältnis, S. 128 f.

120 BSGE 31, 235 ff., 244.

unterstellt habe und daß ihm ein ausdrücklicher Auftrag zum Tätigwerden erteilt worden sei. Es sei nicht einmal zu verlangen, daß der Verletzte seine Tätigkeit mit Wissen oder Billigung desjenigen leiste, der den Arbeitsvorgang leite[121]. Die Vertreter dieses Eingliederungsbegriffes kommen nicht zur Begründung eines Arbeitsverhältnisses zwischen dem Arbeitnehmer und dem fremden Unternehmen; sie gehen vielmehr vom Fortbestand des bisherigen Arbeitsverhältnisses aus. Das Band, das den Arbeitnehmer bei einem so verstandenen Eingliederungsbegriff weiterhin mit dem Ausland verbindet, kann daher nur die vertragliche Beziehung zu seinem Arbeitgeber sein.

Das aber erweist, daß verläßliche Angaben über das Fortbestehen einer Verknüpfung zum Ausland nur gemacht werden können bei einem Abstellen auf die vertragliche Bindung des Arbeitnehmers zu seinem Arbeitgeber. Von einem außerhalb des Geltungsbereichs des Sozialgesetzbuchs bestehenden Beschäftigungsverhältnis wird man daher grundsätzlich dann sprechen können, wenn der ins Inland entsandte Arbeitnehmer während der Inlandstätigkeit weiter in einem Arbeitsverhältnis zum ausländischen Unternehmen steht.

Probleme tauchen allerdings dann auf, wenn das ausländische Unternehmen dezentral organisiert ist. Verfügt es über selbständige Betriebseinheiten in einem anderen Staat als dem des Unternehmenssitzes, in denen die für die arbeitsrechtlichen Beziehungen maßgeblichen Entscheidungen fallen, die also zur selbständigen Einstellung und Entlassung befugt sind, so erscheint es nicht angemessen, dort begründete Arbeitsverhältnisse sozialversicherungsrechtlich dem Sitz des Unternehmens im anderen Staat zuzurechnen. In derartigen Fällen ist vielmehr Anknüpfungspunkt der Sitz dieses Betriebes.

Das fortbestehende vertragliche Band ist unterschiedlich je nach dem, ob es sich — um eine bei der Fa. Siemens[122] übliche Terminologie zu gebrauchen — handelt um einen Übertritt, eine Versetzung, eine Abordnung oder eine bloße Dienstreise. Beim Übertritt endet das Arbeitsverhältnis mit dem bisherigen Beschäftigungsunternehmen, während bei einer Abordnung und einer Dienstreise diese Beziehung regelmäßig bestehen bleibt. Wird ein Arbeitnehmer im Rahmen eines Konzerns in ein inländisches Konzernunternehmen oder eine inländische rechtlich unselbständige Zweigniederlassung versetzt, so bedarf

---

[121] *Lauterbach*, Unfallversicherung, Anm. 51 zu § 656; vgl. dazu auch *Mayer-Maly*, Das Leiharbeitsverhältnis, in: ZfA 1972, 1 ff., insbesondere 7 ff.

[122] Von dieser in der Fa. Siemens üblichen Unterscheidung berichtet *Wickenhagen*, in: Gedanken zum Geltungsbereich und zu den Internationalen Kollisionsnormen eines Sozialgesetzbuchs, in: ZSR 1971, 513 ff., 541 bezugnehmend auf einen Vortrag von Fritzsche bei einem Kontaktseminar des Deutschen Sozialgerichtsverbandes im Jahre 1971.

es einer Prüfung im jeweiligen Einzelfall, ob und inwieweit vertragliche Bindungen zum Ausland weiterhin bestehen bleiben[123]. Verpflichtet sich der entsendende Arbeitgeber aber lediglich zur Wiedereinstellung nach Beendigung der Tätigkeit im Geltungsbereich des Sozialgesetzbuchs, so kann nicht von dem Fortbestand eines Beschäftigungsverhältnisses außerhalb des Geltungsbereichs des Sozialgesetzbuchs ausgegangen werden[124].

Bei Leiharbeitsverhältnissen überwiegt — wie auch immer man das Verhältnis zwischen Entleiher und Arbeitnehmer deuten mag[125] die arbeitsrechtliche Beziehung zum Verleiher derart, daß als maßgeblicher Anknüpfungspunkt der Sitz des Verleihers zu gelten hat. Solche Leiharbeitsverhältnisse werden — wie Zöllner[126] berichtet — häufig bei gehobenen Angestellten in Konzernen praktiziert, die von einem Konzernunternehmen an ein anderes — häufig in einem anderen Staat befindliches — ausgeliehen werden. Die gewerbsmäßige Arbeitnehmerüberlassung dürfte unter dem Gesichtspunkt der Einstrahlung keine derart große Bedeutung erlangen, da die Absätze 2 und 3 des § 3 AÜG diese grenzüberschreitend nur eingeschränkt zulassen[127].

Zusammenfassend läßt sich daher feststellen, daß der Fortbestand eines Beschäftigungsverhältnisses außerhalb des Geltungsbereichs des Sozialgesetzbuchs abhängig ist vom Fortbestand der arbeitsvertraglichen Verknüpfung zum Ausland. Maßgeblicher Anknüpfungspunkt ist daher der Sitz des Arbeitgebers, subsidiär der Sitz des Betriebes, dem die Vertragsbeziehung zuzuordnen ist.

(d) Verknüpfung von Beschäftigungsverhältnis und Zugehörigkeit zum ausländischen System sozialer Sicherung als zusätzliche Tatbestandsvoraussetzung?

Mit der Feststellung, daß für Arbeitnehmer, die während ihrer Inlandstätigkeit weiter in einer arbeitsvertraglichen Beziehung zum Ausland stehen, grundsätzlich das ausländische System sozialer Sicherheit

---

[123] Ähnlich — allerdings von einem anderen Ansatz her — Richtlinien zur versicherungsrechtlichen Beurteilung von Arbeitnehmern bei Ausstrahlung (§ 4 SGB IV) und bei Einstrahlung (§ 5 SGB IV) vom 17. Januar 1979, in DAngVers 1979, 247 ff. unter 3.2.3. und 4.3.

[124] *v. Maydell*, in: GK-SGB IV § 4 Rz. 11.

[125] Vgl. dazu *Heinze*, Rechtsprobleme des sog. echten Leiharbeitsverhältnisses, in: ZfA 1976, 183 ff.; *Kindereit*, Probleme des Leiharbeitsverhältnisses, in: AuR 1971, 327 ff., *Mayer-Maly*, Das Leiharbeitsverhältnis, in: ZfA 1972, 1 ff.; *Ramm*, Die Aufspaltung der Arbeitgeberfunktionen, in: ZfA 1973, 263 ff.

[126] *Zöllner*, Arbeitsrecht, S. 219.

[127] Vgl. dazu *Becker*, Kommentar zum Arbeitnehmerüberlassungsgesetz, Art. 1 § 3 Rz. 62 ff.

weiterhin verantwortlich sein soll, ist noch nichts über die tatsächliche soziale Sicherung dieser Arbeitnehmer ausgesagt.

IV § 5 Abs. 1 SGB enthält auch keinen Hinweis darauf, daß eine Nichtanwendung deutschen Sozialversicherungsrechts nur erfolgen soll, wenn der Schutz durch ein ausländisches System sozialer Sicherheit während des Inlandsaufenthalts sichergestellt ist. Da aber das Beschäftigungsverhältnis und die daran anknüpfende Versicherungspflicht zumindest nach deutschem Recht auf das engste zusammengehören, ist die Frage aufzuwerfen, ob neben der Leistung abhängiger Arbeit im Ausland als zusätzliche Tatbestandsvoraussetzung noch hinzukommen muß, daß nach dem ausländischen Recht sozialer Sicherheit diese Beschäftigung zu einer Versicherungspflicht führt[128].

Dafür spricht, daß auf diese Weise zumindest teilweise sichergestellt ist, daß ein ins Inland zur vorübergehenden Tätigkeit entsandter Arbeitnehmer nicht gänzlich ohne soziale Sicherung bleibt. Ob ihn aber sein heimatliches System sozialer Sicherung während der Tätigkeit im Geltungsbereich des Sozialgesetzbuchs weiterhin schützt, ob also sein Versicherungsverhältnis während dieser Zeit weiterbesteht, läßt sich damit nicht garantieren.

Dagegen spricht jedoch, daß der Gesetzeswortlaut keine Hinweise dafür enthält, eine derartige zusätzliche Voraussetzung vorzusehen.

Des weiteren ist zu bemerken, daß die Anwendung dieser Rechtsauffassung in der Praxis zu einer Reihe von Schwierigkeiten führen würde. So dürften die bei den Trägern der gesetzlichen Krankenversicherung mit dem Beitragseinzug betrauten Bediensteten regelmäßig überfordert sein, wenn es darum geht, eine nach ausländischem Recht bestehende Versicherungspflicht festzustellen. Dies ließe sich nur abwenden durch eine umfangreiche und den betreffenden Bediensteten zur Verfügung stehende Materialsammlung über ausländische Systeme sozialer Sicherheit oder dadurch, daß von den betreffenden Arbeitnehmern Bescheinigungen über das Bestehen der Versicherungspflicht nach ausländischem Recht verlangt werden. Bei konsequenter Anwendung dieser Rechtsauffassung müßte auch für alle sehr kurzfristig im Inland tätigen Arbeitnehmer — etwa des Verkehrsgewerbes — diese Prüfung angestellt werden, was die Einzugsstellen vollends überfordern würde und im übrigen wegen der minimalen Dauer der Inlandstätigkeit auch wohl kaum sinnvoll wäre.

Weiterhin bereitet die Praktizierung dieser Rechtsauffassung dann Schwierigkeiten, wenn ein ausländisches System sozialer Sicherheit

---

[128] *v. Maydell*, in: GK-SGB IV § 5 Rz. 12.

insgesamt oder hinsichtlich einzelner Zweige beitragsunabhängige Leistungen oder aber Versicherungspflicht aufgrund anderer Kriterien vorsieht. Hingewiesen sei an dieser Stelle nur auf das System des National Health Service in Großbritannien sowie die beitragsunabhängigen Systeme einer Reihe von Ostblockstaaten[129]. Um auch diesen Fällen Rechnung tragen zu können, müßte die o. g. These dahin relativiert werden, daß ein außerhalb des Geltungsbereichs des Sozialgesetzbuchs bestehendes Beschäftigungsverhältnis nur dann vorliegt, wenn der in einem solchen Beschäftigungsverhältnis stehende Arbeitnehmer den Schutz eines Systems sozialer Sicherung genießt. Damit ist aber die Verknüpfung zwischen Beschäftigungsverhältnis und Versicherungspflicht gelöst; die soziale Schutzbedürftigkeit des Arbeitnehmers rückt in den Vordergrund. Eine begriffliche Argumentation, die das Erfordernis der Zugehörigkeit zu einem ausländischen System sozialer Sicherheit herleitet aus der Tatsache, daß zumindest nach deutschem Recht das Beschäftigungsverhältnis und die daran anknüpfende Versicherungspflicht auf das engste zusammengehören, erfaßt diese Problematik nur unvollkommen.

Die Frage kann daher nur lauten, ob es zur Annahme der Einstrahlungswirkung erforderlich ist, daß der von IV § 5 Abs. 1 SGB erfaßte Personenkreis aufgrund seiner Beschäftigung oder unabhängig davon dem Schutz eines ausländischen Systems sozialer Sicherheit untersteht[130]. Es ist daher zu untersuchen, ob es angesichts des Grundgedankens und der Funktion des IV § 5 Abs. 1 SGB sinnvoll ist, als zusätzliches ungeschriebenes Tatbestandsmerkmal die Einbeziehung des Arbeitnehmers in das heimatliche System sozialer Sicherheit zu verlangen. Dabei ist zu berücksichtigen, daß schwerwiegende Gründe vorliegen müssen, um ein solches ungeschriebenes Tatbestandsmerkmal rechtfertigen zu können.

„Einstrahlung" bedeutet Einstrahlung des ausländischen Beschäftigungsverhältnisses, aber auch — analog zur Ausstrahlung[131] — Einstrahlung des Schutzes eines ausländischen Systems sozialer Sicherheit. Das würde dafür sprechen, die Einbeziehung des Arbeitnehmers in das heimatliche System sozialer Sicherheit als zusätzliches ungeschriebenes Tatbestandsmerkmal vorzusehen. Eine solche Interpretation bedeutet jedoch, daß bei der Anwendung der inländischen einseitigen Kollisionsnorm ein ausländisches System sozialer Sicherung

---

[129] Vgl. dazu *Caesar*, Grundsätze der Sozialrechtsgestaltung in der DDR und in osteuropäischen Volksdemokratien sowie in Ländern der Europäischen Gemeinschaft, in: SozSich 1975, 214 ff.

[130] So auch *v. Maydell*, in: GK-SGB IV § 5 Rz. 12.

[131] Vgl. dazu *Jungk*, Das Prinzip der „Ausstrahlung" in der gesetzlichen Unfallversicherung, Diss., S. 2.

berücksichtigt wird. Das aber widerspricht der Struktur der Kollisionsnormen des Vierten Buches Sozialgesetzbuch. In IV § 4 SGB wird die Ausstrahlung ohne Rücksicht darauf angeordnet, ob die Erstreckung des Schutzes der deutschen Sozialversicherung ins Ausland zu Doppelversicherungen führt. Wegen des dieser Vorschrift praktisch entsprechenden Wortlauts des IV § 5 SGB muß dieser Gedanke in ebensolcher Weise auch für die Einstrahlungsregelung gelten. Der Gesetzgeber hat, indem er Ein- und Ausstrahlung praktisch gleichlautend regelte, zum Ausdruck gebracht, daß er für den Inlandsaufenthalt von Arbeitnehmern, die die Voraussetzungen des IV § 5 SGB erfüllen, von der fortdauernden Verantwortlichkeit des bisherigen Systems sozialer Sicherheit ausgeht. Diese gesetzgeberische Entscheidung gilt es zu respektieren.

Das bedeutet, daß ins Inland zu vorübergehender Tätigkeit entsandte Arbeitnehmer außerhalb des Schutzes der deutschen Sozialversicherung bleiben, ohne Rücksicht darauf, ob sie in das System sozialer Sicherung ihres Herkunftsstaates einbezogen sind oder nicht.

bb) Entsendung in den Geltungsbereich des Sozialgesetzbuchs

Zur Ausstrahlung forderte das Bundessozialgericht bereits nach altem Recht, daß der im Ausland beschäftigte Arbeitnehmer im Inland eingestellt worden sein mußte und rückte damit von der aus der sozialpolitischen Situation zu Anfang dieses Jahrhunderts erklärbaren Rechtsprechung des Reichsversicherungsamtes ab, auch solche Personen als unter dem Schutz der deutschen Sozialversicherung stehend anzusehen, die erst im Ausland vom deutschen Betrieb eingestellt worden waren[132].

Dieser Rechtsprechung des Bundessozialgerichts ist der Gesetzgeber bei der Schaffung der Vorschriften über die Ein- und Ausstrahlung gefolgt und hat mit dem Kriterium Entsendung klargestellt, daß zur Annahme einer Einstrahlung die Einstellung des jeweiligen Arbeitnehmers im Ausland erforderlich ist; hinzuweisen ist jedoch darauf, daß im Rahmen einer Subsumtion diese Frage an dieser Stelle kaum noch von Interesse sein wird, da das Beschäftigungsverhältnis eines Arbeitnehmers, der erst im Inland eingestellt worden ist, regelmäßig kein außerhalb des Geltungsbereichs des Sozialgesetzbuchs bestehendes sein wird[133].

---

132 BSGE 7, 257 ff., 265.

133 So auch *v. Maydell,* in: GK-SGB IV § 4 Rz. 12 zum Entsendungsbegriff in der Ausstrahlungsregelung.

Unter Entsendung wird man hier eine durch den Arbeitgeber veranlaßte und in seinem Interesse liegende Ortsveränderung sehen müssen. Konkret muß diese Ortsveränderung erfolgen von einem Ort außerhalb des Geltungsbereichs des Sozialgesetzbuchs zu einem Ort innerhalb dieses Geltungsbereichs[134].

Vom Wortlaut gedeckt sind auch solche Fälle, in denen die Arbeitnehmer lediglich zum Zwecke der Entsendung eingestellt worden sind. Darauf wird auch in der amtlichen Begründung ausdrücklich hingewiesen[135]. Es ist sachgerecht, solche Arbeitnehmer gleich zu behandeln mit denjenigen, die vorher schon im ausländischen Unternehmen beschäftigt gewesen sind. Soweit es das Schutzbedürfnis anbetrifft, ist die Situation dieser beiden Personengruppen identisch[136].

Diese Entsendung muß erfolgen im Rahmen eines außerhalb des Geltungsbereichs des Sozialgesetzbuchs bestehenden Beschäftigungsverhältnisses. Das bedeutet, daß die Verknüpfung zum Ausland in der Art, wie sie oben beschrieben wurde, auch während der Tätigkeit im Inland fortbestehen muß. Daraus folgt, daß entgegen der von Kaltenbach / Maier[137] vertretenen Auffassung auch solche Arbeitnehmer als entsandt anzusehen sind, die im Rahmen eines Leiharbeitsverhältnisses von einem ausländischen Verleiher an einen Entleiher im Geltungsbereich des Sozialgesetzbuchs ausgeliehen worden sind. Daß diese Arbeitnehmer während ihrer Tätigkeit im Entleihunternehmen den Weisungen des Entleihers unterliegen, kann wegen des Fortbestands der arbeitsvertraglichen Beziehungen zum Verleiher nicht von Bedeutung sein. Etwas anderes gilt dann, wenn das betreffende ausländische Arbeitsrecht den Verleiher nicht als Arbeitgeber ansieht und damit eine fortbestehende Verknüpfung zum Ausland nicht existiert.

---

134 Vgl. auch *Hauck / Haines*, SGB IV/1 K § 4 Rz. 5 und K § 5 Rz. 5; *Kaltenbach / Maier*, in: Koch / Hartmann, Bd. I, IV SGB § 4 Rz. 32 und § 5 Rz. 13; *v. Maydell*, in: GK-SGB IV § 4 Rz. 15; Richtlinien zur versicherungsrechtlichen Beurteilung von Arbeitnehmern bei Ausstrahlung (§ 4 SGB IV) und Einstrahlung (§ 5 SGB IV) vom 17. Januar 1979, in: DAngVers 1979, 247 ff. unter 3.1. und 4.1.

135 BT-Drucks. 7/4122, 30 zu § 4.

136 *Brackmann*, Der persönliche und räumliche Geltungsbereich nach dem Sozialgesetzbuch-Allgemeiner Teil, Gemeinsame Vorschriften für die Sozialversicherung, in: BG 1977, 173 ff., 177; *v. Maydell*, in: GK-SGB IV § 4 Rz. 14; Richtlinie zur versicherungsrechtlichen Beurteilung von Arbeitnehmern bei Ausstrahlung (§ 4 SGB IV) und Einstrahlung (§ 5 SGB IV) vom 17. Januar 1979, in: DAngVers 1979, 247 ff., unter 3.1. und 4.1.

137 *Kaltenbach / Maier*, in: Koch / Hartmann, Die Rentenversicherung im Sozialgesetzbuch, Bd. I, IV SGB § 4 Rz. 34.

cc) Zeitliche Begrenzung der Entsendung

Diese Entsendung im Rahmen eines außerhalb des Geltungsbereichs des Sozialgesetzbuchs bestehenden Beschäftigungsverhältnisses führt jedoch nur dann zur Nichtanwendung der deutschen Vorschriften über Versicherungspflicht und -berechtigung, wenn sie infolge der Eigenart der Beschäftigung oder vertraglich im voraus zeitlich begrenzt ist.

Das bedeutet zunächst, daß bereits zu Beginn der Tätigkeit deren zeitliche Begrenzung feststehen muß. Das Recht des Arbeitgebers, den Arbeitnehmer jederzeit zurückzurufen, reicht für die Erfüllung dieses Erfordernisses nicht aus, da wegen der Unsicherheit darüber, ob und wann der Arbeitgeber von seinem Rückrufrecht Gebrauch macht, die zeitliche Begrenzung nicht schon zu Beginn der Tätigkeit feststeht[138].

Eine bestimmte Frist ist nicht vorgesehen. Damit ist der Gesetzgeber nicht den in der Literatur gemachten Vorschlägen gefolgt, die eine Höchstfrist vorsahen[139]. Er hat dies begründet damit, daß starre Höchstfristen für die Entsendung nicht den Erfordernissen des modernen Arbeits- und Wirtschaftslebens entsprächen[140]. Gegen eine solche flexible Regelung sprechen jedoch Erwägungen der Verwaltungsvereinfachung und der Rechtssicherheit[141].

Die Befristung der Entsendung beruht auf der Überlegung, daß der Schwerpunkt des Beschäftigungsverhältnisses dann nicht mehr außerhalb des Geltungsbereichs des Sozialgesetzbuchs liegt, wenn die Inlandstätigkeit unbefristet ist; die Beziehungen zur ausländischen Sozial- und Wirtschaftsordnung würden abreißen[142]. Daraus folgt aber zugleich, daß nicht jede zeitliche Fixierung die Einstrahlungswirkung herbeizuführen geeignet ist. Zwar liegt eine zeitliche Begrenzung i. S. von IV § 5 Abs. 1 SGB nach dem Wortlaut der Vorschrift auch bei einem Entsendungszeitraum von beispielsweise 20 Jahren vor. Bei im Vergleich zu den Regelfällen extrem langen Inlandstätigkeiten — etwa von 20 Jahren — dürfte sich jedoch der Schwerpunkt des Beschäftigungsverhältnisses nicht mehr im Ausland befinden. Die Verknüpfung zur ausländischen Sozial- und Wirtschaftsordnung ist dann auf ein so

---

[138] Richtlinien zur versicherungsrechtlichen Beurteilung von Arbeitnehmern bei Ausstrahlung (§ 4 SGB IV) und Einstrahlung (§ 5 SGB IV) vom 17. Januar 1979, in DAngVers 1979, 247 ff., unter 3.3.1. und 4.3.

[139] *Rohwer-Kahlmann / Frentzel*, Internationale Kollisionsnormen für das Sozialgesetzbuch, in: Das neue Sozialgesetzbuch, S. 95; *Wickenhagen*, Gedanken zum Geltungsbereich und zu den Internationalen Kollisionsnormen eines Sozialgesetzbuchs, in: ZSR 1971, 513 ff., 590 ff., insbesondere 594 f.

[140] BT-Drucks. 7/4122, 30 zu § 4.

[141] Vgl. auch *v. Maydell*, in: GK-SGB IV § 4 Rz. 17.

[142] Vgl. auch *v. Maydell*, in: GK-SGB IV § 4 Rz. 16.

geringes Maß reduziert, daß eine Nichtanwendung der inländischen Vorschriften über Versicherungspflicht und -berechtigung, die eine Beschäftigung voraussetzen, nicht mehr gerechtfertigt wäre[143]. Eine genaue Grenze läßt sich allerdings nicht festlegen. Es ist vielmehr in jedem Einzelfall zu prüfen, ob der Schwerpunkt des Beschäftigungsverhältnisses trotz der langen Inlandstätigkeit weiterhin im Ausland liegt. Hinzuweisen bleibt allerdings darauf, daß entgegen der von Klapdor / Rogowski vertretenen Auffassung[144] die zeitliche Grenze für Ein- und Ausstrahlung wegen des analogen Wortlauts einheitlich zu bestimmen ist[145].

(1) Begrenzung in Folge der Eigenart der Beschäftigung

Die zeitliche Begrenzung der Entsendung kann sich ergeben zum einen aus der Eigenart der Beschäftigung. Diese Formulierung macht deutlich, daß grundsätzlich die Eigenart der Arbeit des einzelnen Arbeitnehmers und nicht die Eigenart der Inlandstätigkeit des ihn entsendenden Unternehmens maßgeblich ist. Das bedeutet, daß die Inlandstätigkeit eines Arbeitnehmers auch dann zur Nichtanwendung der eine Beschäftigung voraussetzenden Vorschriften über Versicherungspflicht und Versicherungsberechtigung führt, wenn zwar das ihn entsendende Unternehmen auf Dauer innerhalb des Geltungsbereichs des Sozialgesetzbuchs tätig ist, er selbst aber mit einer Tätigkeit betraut ist, die infolge ihrer Eigenart nur einen zeitlich begrenzten Aufenthalt im Inland erforderlich macht.

Ist die Inlandstätigkeit des Unternehmens zeitlich begrenzt — etwa weil es nur um die Erfüllung eines einzelnen Auftrages geht —, so ergibt sich daraus die zeitliche Begrenzung der Entsendung des im Rahmen dieses Projekts tätigen Arbeitnehmers[146].

(2) Vertragliche Begrenzung

Eine vertragliche Begrenzung kann sich nur aus einer zwischen Arbeitgeber und Arbeitnehmer geschlossenen Abrede ergeben, nicht aber etwa aus dem der Inlandstätigkeit zugrundeliegenden Auftragsverhältnis. Dies macht bereits die Formulierung des IV § 5 SGB deutlich. Danach muß die Entsendung des Arbeitnehmers, also die ihn in Person

---

143 *v. Maydell*, in: GK-SGB IV § 4 Rz. 18.

144 *Klapdor / Rogowski / Bott*, Sozialgesetzbuch (SGB) — Gemeinsame Vorschriften für die Sozialversicherung — in: Amtl. Mitt. LVA Rheinpr. 1977, 139 ff., 148.

145 *v. Maydell*, in: GK-SGB IV § 5 Rz. 15.

146 Siehe auch Richtlinien zur versicherungsrechtlichen Beurteilung von Arbeitnehmern bei Ausstrahlung (§ 4 SGB IV) und Einstrahlung (§ 5 SGB IV) vom 17. Januar 1979 in DAngVers 1979, 247 ff. unter 3.3.2. und 4.3.

betreffende Maßnahme vertraglich im voraus zeitlich begrenzt sein. Eine vertragliche Begrenzung der Entsendung kann sich damit zum einen ergeben aus dem Arbeitsvertrag. Dies wird häufig der Fall sein bei solchen Arbeitnehmern, die eingestellt worden sind zum Zwecke der Entsendung. Aber auch Arbeitsverträge von Arbeitnehmern, die für Tätigkeiten eingestellt werden, die typischerweise außerhalb der Betriebsstätte und außerhalb des Entsendestaates ausgeübt werden, können entsprechende Klauseln enthalten, aus denen sich eine zeitliche Begrenzung der Entsendung ergibt.

Diese vertragliche Begrenzung kann sich auch ergeben aus einer speziellen die Entsendung betreffenden Vereinbarung zwischen Arbeitgeber und Arbeitnehmer.

Während die deutschen Firmen in den Ausstrahlungsfällen vermutlich recht häufig eine zeitliche Befristung in einer die Entsendung betreffenden Abrede festlegen werden, dürfte dies in den Einstrahlungsfällen seltener der Fall sein, da eine Kenntnis der neuen Einstrahlungsregelung bei den in Frage kommenden ausländischen Unternehmen vorerst nur in beschränktem Maße zu erwarten ist. Aus diesem Grunde dürfte hier die Ermittlung der zeitlichen Befristung aus der Eigenart der Beschäftigung eine größere Bedeutung haben.

Fraglich ist, ob eine vertragliche Begrenzung i. S. des IV § 5 SGB dann gegeben ist, wenn der Vertrag eine bestimmte Frist vorsieht, Verlängerungen dieser Frist aber zuläßt. In der von der Bundesversicherungsanstalt für Angestellte herausgegebenen Broschüre zum Sozialgesetzbuch — Gemeinsame Vorschriften — wird die Auffassung vertreten, daß solche Verträge mit Verlängerungsmöglichkeit den in IV § 5 Abs. 1 SGB aufgestellten Voraussetzungen nicht gerecht werden[147]. Dem ist jedoch entgegenzuhalten, daß in den Entsendungsfällen Umstände auftreten können, die eine Verlängerung erforderlich machen, ohne daß damit notwendig die zeitliche Begrenzung in Frage gestellt sein muß. Es ist daher die Verlängerungsklausel jeweils darauf zu untersuchen, ob sie etwa lediglich für den Fall gelten soll, daß die Ausführung der Arbeit unvorhersehbar die ursprünglich vorgesehene Dauer überschreitet oder ob die Abrede diese Fallbeschränkung nicht kennt. Im letzteren Fall kann von einer vertraglichen Begrenzung der Entsendung nur noch dann die Rede sein, wenn die Abrede eine Höchstfrist vorsieht[148].

---

[147] Sozialgesetzbuch, IV. Buch — Gemeinsame Vorschriften, Text und Erläuterungen, hrsg. von der Bundesversicherungsanstalt für Angestellte und den Landesversicherungsanstalten im Verband Deutscher Rentenversicherungsträger Anm. 3 c zu § 4.

[148] Vgl. hierzu auch *Kaltenbach / Maier,* in: Koch / Hartmann, Die Rentenversicherung im Sozialgesetzbuch, Bd. 1, IV SGB § 4 Rz. 45.

Werden mehrere befristete Arbeitsverhältnisse oder mehrere eine Entsendungsfrist vorsehende Entsendungsvereinbarungen mit der Abrede aneinandergereiht, daß nach Ablauf der vereinbarten Frist ein neuer befristeter Vertrag geschlossen werden soll, so kann dies nicht als vertragliche Befristung der Entsendung bewertet werden, da infolge dieser Abrede eine zeitliche Grenze nicht abzusehen ist[149].

c) Wirkungen der Einstrahlung

aa) Versicherungspflicht und Versicherungsberechtigung

(1) Allgemeines

Sind die von IV § 5 Abs. 1 SGB aufgestellten Tatbestandsvoraussetzungen erfüllt, ist also eine Einstrahlung i. S. dieser Vorschrift gegeben, so besteht keine Versicherungspflicht oder Versicherungsberechtigung nach den Vorschriften des deutschen Sozialversicherungsrechts, soweit sie eine Beschäftigung voraussetzen. Damit ist dem vom IV § 5 Abs. 1 SGB erfaßten Personenkreis insoweit der Zugang zur deutschen Sozialversicherung verschlossen.

(2) Versicherungsberechtigung nach Vorschriften, die eine Beschäftigung nicht voraussetzen

Da sich jedoch IV § 5 Abs. 1 nur auf solche Vorschriften der Versicherungspflicht und Versicherungsberechtigung bezieht, die eine Beschäftigung voraussetzen, ist zu prüfen, ob und inwieweit für diesen Personenkreis die Möglichkeit besteht, sich unter Berufung auf solche Vorschriften freiwillig zu versichern, die eine Beschäftigung nicht voraussetzen. Soweit es diese Vorschriften anbetrifft, verbleibt es auch in den Einstrahlungsfällen bei der Grundsatzregelung des IV § 3 Nr. 2 SGB, wonach für die Anwendung der deutschen Vorschriften über die Versicherungspflicht und die Versicherungsberechtigung maßgebend der Wohnsitz oder gewöhnliche Aufenthalt im Geltungsbereich des Sozialgesetzbuchs ist. Erfüllen unter IV § 5 Abs. 1 SGB fallende Arbeitnehmer diese Voraussetzungen, was etwa bei längerfristigem Inlandsaufenthalt der Fall sein könnte[150], so besteht für sie, sofern die sonstigen in den Vorschriften über die einzelnen Versicherungszweige aufgestellten Bedingungen erfüllt werden können, die Möglichkeit freiwilligen Beitritts zur deutschen Sozialversicherung.

---

149 So auch *Kaltenbach / Maier* § 4 Rz. 46.

150 *Hauck / Haines* SGB IV/1 K § 5 Rz. 9.

Die Reichsversicherungsordnung eröffnet für diese Fälle jedoch nur in § 1233 Abs. 1 RVO das Recht zur freiwilligen Versicherung[151]. Die entsprechenden Vorschriften in der Kranken- und Unfallversicherung (§§ 176 - 176 c, 313, 545 RVO) stellen Voraussetzungen auf, die in den Einstrahlungsfällen regelmäßig nicht erfüllt sein werden[152].

Ein Bedürfnis für eine freiwillige Versicherung kann insbesondere dann bestehen, wenn das ausländische System sozialer Sicherheit eine unserer Ausstrahlung entsprechende Erstreckung des Schutzes bei vorübergehender Tätigkeit in einem anderen Staat nicht vorsieht. Hier kann es vorkommen, daß der betroffene Arbeitnehmer sozusagen zwischen die Stühle zweier Systeme sozialer Sicherheit gerät.

(3) Der Anwendungsbereich des § 539 Abs. 2 RVO

In einer Entscheidung des Bundessozialgerichts aus dem Jahre 1976[153] ist die Frage aufgeworfen worden, ob und inwieweit Arbeitnehmer, die von der Einstrahlungsregelung[154] erfaßt werden, bei Inlandstätigkeiten gem. § 539 Abs. 2 RVO gegen das Risiko des Arbeitsunfalls versichert sind. Nach dieser Vorschrift werden auch solche Personen geschützt, die wie ein nach Abs. 1 des § 539 RVO Versicherter tätig geworden sind. Da von IV § 5 Abs. 1 SGB erfaßte Personen nicht nach § 539 Abs. 1 RVO gegen Arbeitsunfall während ihres Inlandsaufenthaltes versichert sind, ist es vom Wortlaut her zunächst naheliegend, sie über § 539 Abs. 2 RVO zu erfassen.

Dieser Vorschrift, die als § 537 Nr. 10 RVO anläßlich der Umstellung der gesetzlichen Unfallversicherung von der Betriebs- auf die Personenversicherung erstmals Eingang in das Recht der Unfallversicherung fand, liegt der Gedanke zugrunde, auch solchen Personen den Versicherungsschutz gegen Arbeitsunfall zuteil werden zu lassen, die weder zur Belegschaft des Betriebes noch zu den sonstigen in der Unfallversicherung versicherten Personen gehören[155]. Ein Außenstehender, Nicht-Betriebsangehöriger soll geschützt werden, wenn er eine dem Unternehmen dienende Tätigkeit ausübt[156] und hinsichtlich dieser

---

151 *Hauck / Haines* SGB IV/1 K § 5 Rz. 9; *Kaltenbach / Maier,* in: Koch / Hartmann, Die Rentenversicherung im Sozialgesetzbuch, Bd. 1, IV SGB § 5 Rz. 20.

152 Vgl. auch *Hauck / Haines* SGB IV/1 K § 5 Rz. 9.

153 BSGE 43, 65 ff.

154 Die Entscheidung erging vor Inkrafttreten des Sozialgesetzbuchs — Gemeinsame Vorschriften für die Sozialversicherung; das Gericht nahm in diesem Fall jedoch eine Versicherungsfreiheit kraft Einstrahlung an.

155 *Jantz,* Das Sechste Gesetz über Änderung in der Unfallversicherung, in: AN 1942, 209 ff., insbes. 210 ff.

Tätigkeit nicht nach § 539 Abs. 1 RVO Versicherungsschutz genießt[157]. § 539 Abs. 2 RVO ist daher nicht anwendbar, wenn ein Arbeitnehmer diese Tätigkeit erbringt im Rahmen seines Beschäftigungsverhältnisses zu einem anderen Unternehmen[158].

Bei den von IV § 5 Abs. 1 SGB erfaßten Personen handelt es sich jedoch um solche, die in einem Beschäftigungsverhältnis i. S. des § 539 Abs. 1 Nr. 1 RVO stehen, deren Tätigkeit den Zwecken des sie beschäftigenden Unternehmens dient und die bloß deshalb von § 539 Abs. 1 RVO nicht erfaßt werden, weil der Schwerpunkt ihres Beschäftigungsverhältnisses im Ausland liegt und deshalb nach IV § 5 Abs. 1 SGB das ausländische System sozialer Sicherheit weiterhin verantwortlich sein soll. Auf die Frage, ob diese Personen gleichwohl Unfallversicherungsschutz genießen, gibt § 539 Abs. 2 RVO keine Auskunft; es handelt sich bei dieser Vorschrift weder um eine Kollisionsnorm noch um eine Sachverhalte mit Auslandsberührung unmittelbar regelnde Sachnorm; die kollisionsrechtliche Frage beantwortet vielmehr IV § 5 Abs. 1 SGB.

Daraus folgt, daß in Übereinstimmung mit dem Bundessozialgericht derartige Personen keinen Unfallversicherungsschutz nach § 539 Abs. 2 RVO genießen.

Etwas anderes gilt dann, wenn diese Beschäftigten gegenüber einem fremden insbesondere inländischen Unternehmen wie Beschäftigte tätig werden, also nicht mehr im Rahmen des Beschäftigungsverhältnisses zu dem ausländischen Unternehmen handeln[159]. In diesem Fall sind die Voraussetzungen des IV § 5 SGB nicht mehr erfüllt.

bb) Verbindlichkeit von Unfallverhütungsvorschriften

Gem. § 708 RVO erlassen die Berufsgenossenschaften Vorschriften, die dem Schutz der Arbeitnehmer vor den Gefahren des modernen Arbeitslebens zu dienen bestimmt sind (Unfallverhütungsvorschriften)[160]. Diese Unfallverhütungsvorschriften sind verbindlich für die

[156] *Bereiter-Hahn / Schiecke,* Unfallversicherung Anm. 35 zu § 539 RVO; *Brackmann,* Handbuch der Sozialversicherung, S. 474 y; *Lauterbach,* Unfallversicherung, Anm. 98 zu § 539 RVO; *Miesbach / Baumer,* Unfallversicherung, Anm. 39 a zu § 539 RVO.

[157] *Lauterbach,* Unfallversicherung, Anm. 99 zu § 539 RVO.

[158] BSGE 5, 168 ff., 174; 43, 65 ff., 68.

[159] BSGE 43, 65 ff., 68.

[160] Vgl. allgemein zu den Unfallverhütungsvorschriften *Asanger,* Die rechtliche Bedeutung der Unfallverhütungsvorschriften, in: Grundsatzfragen der sozialen Unfallversicherung, Festschrift für Lauterbach, S. 297 ff.; *Lauterbach,* Unfallversicherung, Anm. zu § 708 RVO; *Pflaum,* Die Bedeutung der Unfallverhütungsvorschriften in der gesetzlichen Unfallversicherung, Diss.

Mitglieder der Berufsgenossenschaften und die Versicherten[161]. Im Rahmen dieser Untersuchung stellt sich die Frage, ob und inwieweit für Arbeitnehmer, für die — da ihre Inlandstätigkeit als Einstrahlung i. S. des IV § 5 Abs. 1 SGB zu werten ist — die deutschen Vorschriften über Versicherungspflicht und Versicherungsberechtigung, soweit sie eine Beschäftigung voraussetzen, nicht gelten, die deutschen Unfallverhütungsvorschriften verbindlich sind. Ebenso ist zu erörtern, ob und inwieweit die ausländischen Unternehmen, die Arbeitnehmer ins Inland entsenden, hinsichtlich ihrer inländischen Betriebstätigkeit an die deutschen Unfallverhütungsvorschriften gebunden sind.

(1) Verbindlichkeit für die Arbeitnehmer

Wenn die deutschen Unfallverhütungsvorschriften — wie oben erörtert — für die Versicherten verbindlich sind, so bedeutet dies vom Wortsinn her zunächst, daß sich diese Verbindlichkeit ausschließlich auf den der Versichertengemeinschaft der deutschen Unfallversicherung zugehörigen Personenkreis erstreckt. Unter IV § 5 Abs. 1 SGB fallende Personen sind jedoch in der deutschen Unfallversicherung während ihres Inlandsaufenthalts nicht versichert. Demzufolge liegt die Folgerung nahe, daß die deutschen Unfallverhütungsvorschriften für solche Arbeitnehmer nicht verbindlich sind.

Während jedoch hinsichtlich des Versicherungsschutzes der unter IV § 5 Abs. 1 SGB fallenden Arbeitnehmer davon ausgegangen werden kann, daß sie regelmäßig weiterhin dem Schutz des heimatlichen Systems sozialer Sicherheit unterliegen, dürfte dies für die Unfallverhütung nur sehr eingeschränkt der Fall sein. Ist in dem Staat, aus dem der Arbeitnehmer entsandt wird, der Bereich der Unfallverhütung und des Arbeitsschutzes öffentlich-rechtlich ausgestaltet, so bereitet die Sicherstellung dieses Schutzes für die Arbeitnehmer während eines Inlandsaufenthalts Schwierigkeiten. Eine Einwirkungsmöglichkeit ausländischer Behörden, die für Arbeitsschutz und Unfallverhütung zuständig sind, besteht nicht. Eine hoheitliche Tätigkeit ausländischer Behörden im Inland wäre völkerrechtswidrig[162].

Inwieweit das ausländische öffentliche Recht überhaupt im Inland Anwendung zu finden vermag, ist höchst umstritten[163]. Bei einer privatrechtlichen Ausgestaltung dieses Bereichs wäre seine Anwendbarkeit eine Frage des Arbeitsstatuts.

[161] *Lauterbach*, Unfallversicherung, Anm. 4 a zu § 708; siehe auch § 710 Abs. 1 RVO.

[162] *Seidl-Hohenveldern*, Völkerrecht, Rz. 1014 und 1133 ff.

[163] Vgl. allgemein zu diesem Problem *Gamillscheg*, Internationales Arbeitsrecht Nr. 165 ff.; *Heiz*, Das fremde öffentliche Recht im internationalen Kollisionsrecht; *Schulze*, Das öffentliche Recht im internationalen Privatrecht.

Dennoch läßt sich eine Verbindlichkeit der Unfallverhütungsvorschriften für unter IV § 5 Abs. 1 SGB fallende Arbeitnehmer wegen des eindeutigen Wortlauts nicht rechtfertigen. Für eine Sonderanknüpfung bleibt kein Spielraum, zumal dies — da Verstöße gegen Unfallverhütungsvorschriften gem. § 710 RVO als Ordnungswidrigkeiten geahndet werden — mit dem strafrechtlichen Analogieverbot kollidieren würde[164].

(2) Verbindlichkeit für die Arbeitgeber

Vermögen die Unfallverhütungsvorschriften für die unter IV § 5 Abs. 1 SGB fallenden Arbeitnehmer Verbindlichkeit nicht zu entfalten, so bleibt die Frage zu erörtern, ob und inwieweit die ausländischen Unternehmen, die Arbeitnehmer ins Inland entsenden, hinsichtlich ihrer Inlandstätigkeit an die deutschen Unfallverhütungsvorschriften gebunden sind.

Wie oben erörtert binden die Unfallverhütungsvorschriften neben den Versicherten die Mitglieder der Berufsgenossenschaften. § 658 RVO bestimmt, daß die Unternehmer Mitglieder der jeweiligen Berufsgenossenschaft sind. Im hier interessierenden Zusammenhang stellt sich damit die Frage, ob die ausländischen Unternehmen, die unter IV § 5 Abs. 1 SGB fallende Arbeitnehmer ins Inland entsenden, hinsichtlich ihrer Inlandstätigkeit Unternehmer i. S. des § 658 RVO sind.

Zu diesem Problem hat mit Erlaß vom 23. 4. 1974[165] der Bundesminister für Arbeit und Sozialordnung Stellung genommen. Es wird darin festgestellt, daß Mitglieder der Berufsgenossenschaften die Unternehmer i. S. des § 658 RVO sind. Diese Mitgliedschaft beginne gem. § 659 RVO mit der Aufnahme der vorbereitenden Tätigkeiten für das Unternehmen; die Aufnahme in das Unternehmerverzeichnis (§§ 663 f. RVO) sei nicht konstitutiv. In das Unternehmerverzeichnis würden nur solche Unternehmer eingetragen, die Versicherte beschäftigen (§ 664 Abs. 1 RVO); daran sei auch die Beitragspflicht geknüpft (§ 723 Abs. 1 RVO). In § 708 RVO sei jedoch von einer solchen Einschränkung nicht die Rede. § 708 RVO und damit die Verbindlichkeit der Unfallverhütungsvorschriften gelte daher auch für solche Unternehmen, die keine Versicherten beschäftigen. Der Erlaß kommt demzufolge zu dem Ergebnis, daß die Unfallverhütungsvorschriften auch für solche Unternehmen verbindlich sind, die von der Versicherungspflicht nach deutschem Unfallversicherungsrecht nicht erfaßte Personen beschäftigen.

---

164 Vgl. dazu *Eser*, in: Schönke / Schröder, StGB § 1 Anm. 26 ff.

165 VI/6-66030.3.30 veröffentlicht in Kartei zum Unfallversicherungsrecht Nr. 9313 zu § 708; vgl. auch Rundschreiben des Hauptverbandes VB 91/74 v. 13. 5. 74, veröffentlicht ebenda.

§ 658 RVO erklärt zu Mitgliedern der jeweils sachlich zuständigen Berufsgenossenschaft diejenigen Unternehmer, deren Unternehmen ihren Sitz im örtlichen Zuständigkeitsbereich der Berufsgenossenschaft haben. Unternehmer ist nach der Legaldefinition des Abs. 2 der Vorschrift „derjenige, für dessen Rechnung das Unternehmen (Betrieb, Einrichtung oder Tätigkeit) geht". § 658 RVO, der zugleich eine Bestimmung darüber trifft, welche Berufsgenossenschaft örtlich zuständig ist, regelt nicht ausdrücklich die Mitgliedschaft eines Unternehmens mit Sitz im Ausland, das auch im Inland tätig wird. Daraus könnte man schließen, daß derartige Unternehmen nicht Mitglieder einer Berufsgenossenschaft sein können[166]. Das bedeutet jedoch, aus der Nichterwähnung des Auslandssachverhalts unmittelbar zu folgern, daß die Vorschrift auf derartige Sachverhalte nicht anwendbar ist. Eine solche Argumentation läßt kollisionsrechtliche Gesichtspunkte außer acht. Es ist vielmehr zu fragen, ob der hier in Frage stehende Lebenssachverhalt derart mit dem Inland verknüpft ist, daß die Anwendung inländischen Rechts, die Subsumtion unter eine inländische Sachnorm sachgerecht ist[167]. Aufschlüsse darüber lassen sich zum einen dem Sinn und Zweck der Sachnorm entnehmen; daneben ist jedoch noch der Möglichkeit von Konflikten verschiedener Rechtsordnungen Rechnung zu tragen[168].

Die Frage hat danach also zu lauten, wann die Inlandstätigkeit eines ausländischen Unternehmens derart ist, daß eine Mitgliedschaft zu einem deutschen Unfallversicherungsträger geboten erscheint.

Es läßt sich daran denken, dies dann anzunehmen, wenn der ausländische Unternehmer im Inland Arbeitnehmer beschäftigt, die nach deutschem Sozialversicherungsrecht versichert sind. Dafür spricht, daß mit dem Unternehmer in der gesetzlichen Unfallversicherung der Partner des versicherten Arbeitnehmers bezeichnet wird[169]. Demzufolge muß also zumindest der ausländische Unternehmer hinsichtlich seiner Inlandstätigkeit Mitglied einer deutschen Berufsgenossenschaft sein, der im Inland nach deutschem Sozialversicherungsrecht versicherte Personen (Ortskräfte) beschäftigt. Allerdings ist die Beschäftigung von Versicherten grundsätzlich für die Mitgliedschaft eines Unternehmers zur Berufsgenossenschaft unerheblich[170].

---

166 So scheinbar *Rienau,* Sind Ausländer aus Nichtvertragsstaaten bei Tätigkeiten für ausländische Unternehmen ohne Inlandssitz unfallversichert? in: SozVers 1973, 101 f., 102.

167 Vgl. *v. Maydell,* Sach- und Kollisionsnormen im internationalen Sozialversicherungsrecht, S. 79 f.

168 *v. Maydell,* Sach- und Kollisionsnormen im internationalen Sozialversicherungsrecht, S. 79 f.

169 *Brackmann,* Handbuch der Sozialversicherung, S. 503, 503 a.

170 *Lauterbach,* Unfallversicherung, Anm. 2 zu § 658.

Es läßt sich aber auch daran denken, jegliche Inlandstätigkeit eines ausländischen Unternehmens als die Mitgliedschaft begründend anzusehen. Dem steht jedoch entgegen, daß die Rechte und Pflichten, die aus der Mitgliedschaft zur Berufsgenossenschaft fließen, eine auf eine gewisse Dauer berechnete Inlandstätigkeit voraussetzen.

Ist aber die Mitgliedschaft zu einer deutschen Berufsgenossenschaft unabhängig davon, ob der Unternehmer Versicherte beschäftigt, so bedeutet dies, daß eine derartige Mitgliedschaft in den hier interessierenden Fällen dann anzunehmen ist, wenn die Inlandstätigkeit des ausländischen Unternehmens auf eine gewisse Dauer berechnet ist. Auf diese Weise können alle Unternehmer erfaßt werden, die im Inland nach deutschem Sozialversicherungsrecht nicht versicherte Arbeitnehmer beschäftigen.

Für die hier anstehende Frage folgt daraus, daß ausländische Unternehmen dann zur Beachtung der deutschen Unfallverhütungsvorschriften verpflichtet sind, wenn die Inlandstätigkeit auf eine gewisse Dauer angelegt ist. Eine bestimmte Frist läßt sich dabei nicht festlegen; es ist vielmehr darauf abzustellen, ob die Tätigkeit nur ganz vorübergehend im Inland erfolgt, wie dies etwa beim fahrenden Personal im grenzüberschreitenden Verkehr der Fall ist oder ob die Inlandstätigkeit darüber hinausgeht. Der vom Bundesminister für Arbeit und Sozialordnung im Erlaß v. 23. 4. 1974[171] vertretenen Rechtsauffassung ist daher im Ergebnis zuzustimmen.

d) Die Einstrahlung und das Leistungsrecht der Sozialversicherung

aa) Allgemeines

Die §§ 3 - 6 des Vierten Buchs Sozialgesetzbuch befassen sich ausschließlich mit der Deckungs- oder Beitragsseite. Kollisionsnormen für die Leistungsseite enthält das Vierte Buch Sozialgesetzbuch nicht[172].

Voraussetzung für Leistungsansprüche ist in der deutschen Sozialversicherung grundsätzlich das Bestehen eines Versicherungsverhältnisses zu einem deutschen Sozialversicherungsträger. Gem. IV § 2 SGB entsteht ein solches Versicherungsverhältnis kraft Gesetzes oder Satzung bei Erfüllung bestimmter Voraussetzungen (Versicherungspflicht)

---

171 VI/6 — 66030.3.30 veröffentlicht in Kartei zum Unfallversicherungsrecht, Nr. 9313 zu § 708; vgl. auch Rundschreiben des Hauptverbandes VB 91/74 v. 13. 5. 1974, veröffentlicht ebenda.

172 Vgl. dazu BT-Drucks. 7/4122, 30 zu § 3; *v. Maydell*, in: GK-SGB IV vor §§ 3 - 6 Rz. 16 ff.

oder aufgrund freiwilligen Beitritts oder freiwilliger Fortsetzung der Versicherung (Versicherungsberechtigung). Wenn nun IV § 5 Abs. 1 SGB die Vorschriften über die Versicherungspflicht und die Versicherungsberechtigung für unanwendbar in den Einstrahlungsfällen erklärt, so bedeutet dies, daß damit für den betroffenen Personenkreis grundsätzlich auch keine Leistungsansprüche gegen die deutsche Sozialversicherung entstehen können.

bb) Besonderheiten des Fremdrentenrechts

Ausnahmen davon ergeben sich jedoch aus dem Fremdrentengesetz v. 25. 2. 1960[173], wonach insbesondere Vertriebenen und Flüchtlingen unter bestimmten Voraussetzungen Leistungen aus der gesetzlichen Unfall- und Rentenversicherung auch ohne das Bestehen eines Versicherungsverhältnisses zu einem im Geltungsbereich des Sozialgesetzbuchs bestehenden Sozialversicherungsträger gewährt werden. Das Gesetz stellt vielmehr ab auf die Zugehörigkeit zu dem in § 1 FRG näher umschriebenen Personenkreis. Dies geschieht zu dem Zweck, diesen Personenkreis unter Übernahme der in anderen Sozialrechtsordnungen erworbenen Rechte in die deutsche Sozialversicherung einzugliedern[174]. Flüchtlinge und Zuwanderer aus der DDR und Berlin (Ost) werden von § 1 FRG nicht erfaßt. Für sie sehen die §§ 5 Abs. 4 und 17 Abs. 1 FRG Sonderregelungen vor, die sie aber den anderen vom Fremdrentengesetz erfaßten Personen weitgehend gleichstellen.

(1) Unfallversicherung

Die Voraussetzungen, unter denen trotz fehlender Zugehörigkeit zur Sozialversicherung im Geltungsbereich des Fremdrentengesetzes Leistungen aus der gesetzlichen Unfallversicherung gewährt werden, benennt § 5 FRG. Nach Abs. 1 Nr. 1 dieser Vorschrift, die gemäß Abs. 4 auch für Flüchtlinge und Zuwanderer aus der DDR und Berlin (Ost) anwendbar ist, werden auch solche Arbeitsunfälle entschädigt, die außerhalb des Geltungsbereichs des Fremdrentengesetzes eintreten, wenn im Zeitpunkt des Unfalls ein Versicherungsverhältnis zu einem deutschen Unfallversicherungsträger besteht. Deutscher Versicherungsträger ist gem. § 3 FRG jeder Unfallversicherungsträger, der früher oder heute seinen Sitz im Gebiet des Deutschen Reichs in den Grenzen vom 31. 12. 1937 hatte oder hat und unter bestimmten Voraussetzungen auch ein Träger außerhalb dieses Geltungsbereichs; nicht als deutsche Versicherungsträger gelten solche, die in den unter fremder Verwal-

---

[173] BGBl. I 93.

[174] Vgl. *Bley*, Sozialrecht B VII 3 a, S. 88.

tung stehenden Ostgebieten nach Beginn der Verwaltung errichtet worden sind. Die Ansprüche auf Rente ruhen aber gemäß § 12 Abs. 1 FRG so lange, wie sich der Berechtigte außerhalb des Geltungsbereichs des Fremdrentengesetzes aufhält; die Gewährung von Sachleistungen in Gebiete außerhalb dieses Geltungsbereichs ist ausgeschlossen.

Da das Fremdrentengesetz Leistungen aus der gesetzlichen Unfallversicherung nur für den Fall vorsieht, daß sich der Arbeitsunfall außerhalb seines Geltungsbereichs ereignet hat, stößt die Anwendung dieser Vorschrift dann auf Schwierigkeiten, wenn dieser sich ereignet während einer von IV § 5 Abs. 1 SGB erfaßten Inlandstätigkeit. Eine allein am Wortlaut ausgerichtete Anwendung des IV § 5 Abs. 1 SGB und des § 5 Abs. 1 FRG würde dazu führen, daß dieser Arbeitnehmer für seinen Arbeitsunfall keine Leistungen aus der RVO-Unfallversicherung beanspruchen kann. Das liefe jedoch dem Eingliederungsgedanken zuwider, zumal da der gleiche Arbeitnehmer, hätte er den Unfall außerhalb des Geltungsbereichs des Fremdrentengesetzes erlitten, Ansprüche gegen die RVO-Unfallversicherung hätte geltend machen können.

Merkle / Michel[175], Lauterbach[176] und Hoernigk / Jahn / Wickenhagen[177] vertreten daher die Auffassung, daß ein solcher Arbeitsunfall als außerhalb des Geltungsbereichs eingetreten anzusehen sei[178]. Dem ist zu widersprechen, sofern dies damit begründet wird, daß wegen der Aus- bzw. Einstrahlungswirkung der Arbeitsunfall als im ausländischen Betrieb eingetreten gelte[179]; dies wäre die Rückkehr zu einer Argumentation, die nur unter der Geltung der Betriebsversicherung in der gesetzlichen Unfallversicherung gerechtfertigt war[180]. § 5 Abs. 1 Nr. 1 FRG geht aber von der Voraussetzung aus, daß jeder im Geltungsbereich des Fremdrentengesetzes eingetretene Arbeitsunfall grundsätzlich zu entschädigen ist, was zumindest seit dem 1. 7. 1977 für den unter IV § 5 SGB fallenden Personenkreis nicht mehr der Fall ist. Andererseits will § 5 Abs. 1 FRG jedoch alle diejenigen Fälle erfassen, die an sich in die fachliche Zuständigkeit eines deutschen Unfallversicherungsträgers fallen, der außerhalb des Geltungsbereichs des Fremdrentengesetzes bestand oder noch besteht. IV § 5 Abs. 1 SGB geht davon aus,

---

175 *Merkle / Michel*, FANG, Anm. 3 zu § 5 FRG.

176 *Lauterbach*, Unfallversicherung, Anm. 4 i zu § 539 RVO.

177 *Hoernigk / Jahn / Wickenhagen*, Fremdrentengesetz, Anm. 6 zu § 5 Abs. 1 FRG.

178 So auch BSGE 42, 88 f.

179 So wohl *Hoernigk / Jahn / Wickenhagen*, Fremdrentengesetz, Anm. 6 zu § 5 Abs. 1 FRG.

180 Siehe dazu oben A I.

daß in den Einstrahlungsfällen das bisherige System sozialer Sicherheit weiterhin verantwortlich bleibt[181]. Das läßt sich auf die hier zu untersuchende Frage dergestalt übertragen, daß der Arbeitsunfall des von IV § 5 Abs. 1 SGB erfaßten Arbeitnehmers dem deutschen außerhalb des Geltungsbereichs des Fremdrentengesetzes befindlichen Träger zuzurechnen ist.

Als außerhalb des Geltungsbereichs des Fremdrentengesetzes eingetreten gilt damit ein Arbeitsunfall, den innerhalb des Geltungsbereichs des Fremdrentengesetzes ein Arbeitnehmer erlitten hat, dessen Inlandstätigkeit aufgrund des IV § 5 Abs. 1 versicherungsfrei ist. Der Auffassung der genannten Autoren ist daher im Ergebnis zuzustimmen.

(2) Rentenversicherung

Anders ist die Situation, soweit es die gesetzliche Rentenversicherung im Rahmen des Fremdrentenrechts anbetrifft. Für den vom Fremdrentengesetz erfaßten Personenkreis werden Beitragszeiten, die bei nichtdeutschen oder außerhalb des Geltungsbereichs des Fremdrentengesetzes befindlichen deutschen Rentenversicherungsträgern zurückgelegt sind, wie nach Bundesrecht zurückgelegte Beitragszeiten behandelt (§ 15 Abs. 1 FRG). Es ist davon auszugehen, daß während eines von IV § 5 Abs. 1 SGB erfaßten Inlandsaufenthalts das Versicherungsverhältnis zum bisherigen Träger fortbesteht, was bedeutet, daß auch die während der Tätigkeit im Bundesgebiet zurückgelegten Beitragszeiten solche sind, die von § 15 FRG erfaßt werden[182].

2. Die Einstrahlungsregelung für Selbständige

a) Allgemeines

Während die Einstrahlungsregelung für die abhängig Beschäftigten den vorläufigen Schlußpunkt einer langdauernden Diskussion und fast hundertjährigen Rechtsentwicklung darstellt, ist IV § 5 Abs. 2 SGB, der die Regelung des Abs. 1 für entsprechend anwendbar auf Selbständige erklärt, ohne Vorbild. Lediglich bei Rohwer-Kahlmann / Frentzel[183] taucht der Vorschlag auf, Ein- und Ausstrahlungsregelungen auch für Selbständige vorzusehen.

---

181 BT-Drucks. 7/4122, 31 zu § 5.

182 Vgl. auch BSGE 42, 88 f.

183 *Rohwer-Kahlmann / Frentzel,* Internationale Kollisionsnormen für das Sozialgesetzbuch, in: Das neue Sozialgesetzbuch, S. 75 ff., 100.

Die entsprechende Anwendung einer Regelung bedeutet die Übertragung des Grundgedankens einer Vorschrift auf einen ähnlichen Fall[184]. Das erfordert praktisch eine Übersetzung dieser Norm. Dabei ist „den jeweils nach ihrer Funktion, ihrer Stellung im Sinnzusammenhang des Tatbestandes gleich zu erachtenden Elementen die gleiche Rechtsfolge“[185] zuzuordnen.

Entsprechend anzuwenden ist die Regelung des Abs. 1 auf Personen, die eine selbständige Tätigkeit ausüben. Was unter selbständiger Tätigkeit zu verstehen ist, wird im Sozialgesetzbuch nicht erläutert. Die Formulierung des IV § 7 Abs. 1 SGB macht jedoch deutlich, daß die selbständige Tätigkeit zu verstehen ist als Gegenbegriff zur abhängigen Beschäftigung[186]. Die einzelnen Merkmale ergeben sich daher im Wege des Umkehrschlusses aus IV § 7 Abs. 1 SGB[187]. Wesentliche Merkmale selbständiger Tätigkeit, die diese von der abhängigen Beschäftigung unterscheiden, sind Selbständigkeit und Selbstbestimmtheit der Arbeit[188] und das Tragen des wirtschaftlichen Risikos (Unternehmerrisiko)[189].

b) Erfaßte Rechtsvorschriften

Aus der Tatsache, daß IV § 5 Abs. 2 SGB die Einstrahlungsregelung bei abhängiger Beschäftigung für entsprechend anwendbar auf Personen erklärt, die eine selbständige Tätigkeit ausüben, folgt, daß alle Normen über die Versicherungspflicht und die Versicherungsberechtigung erfaßt werden, die eine selbständige Tätigkeit voraussetzen.

Vorschriften über die Versicherungspflicht[190], die eine selbständige Tätigkeit voraussetzen, sind etwa die §§ 166, 539 Abs. 1 Nr. 2, 3, 5, 6 und 7, 543, 1227 Abs. 1 S. 1 Nr. 3 und 4 RVO, § 2 Abs. 1 Nr. 3 - 6 AVG. Diese Normen betreffen insbesondere die Sozialversicherung arbeitnehmerähnlicher Selbständiger.

Regelungen über die Versicherungsberechtigung[191], die eine selbständige Tätigkeit voraussetzen, finden sich in den §§ 176 Abs. 1 Nr. 3, 545, 1227 Abs. 1 S. 1 Nr. 9 RVO, § 2 Abs. 1 Nr. 11 AVG.

---

184 *Merten,* in: GK-SGB IV § 11 Rz. 8.

185 *Larenz,* Methodenlehre der Rechtswissenschaft, S. 244.

186 *Merten,* in: GK-SGB IV § 7 Rz. 5 und 34; *Hauck / Haines,* SGB IV/1 K § 7 Rz. 1.

187 *Bley,* Sozialgesetzbuch-Gemeinsame Vorschriften für die Sozialversicherung —, in: SGb. 1977, 85 ff., 86.

188 BSGE 10, 41 ff., 45.

189 BSG, in: SozR Nr. 51 zu § 165; BSGE 35, 20 ff., 21; 35, 212 ff., 214; vgl. dazu auch *Merten,* in: GK-SGB IV § 7 Rz. 35 ff.

190 Zum Begriff Versicherungspflicht vgl. oben 1 a).

191 Zum Begriff Versicherungsberechtigung vgl. oben 1 a).

c) *Voraussetzungen der Einstrahlung*

Die Voraussetzungen der Einstrahlung sind zu formulieren unter Heranziehung des IV § 5 Abs. 1 SGB. Dabei muß den Besonderheiten Rechnung getragen werden, die sich aus der selbständigen Tätigkeit ergeben. Auszugehen ist dabei davon, daß der Gesetzgeber, soweit er die Versicherungspflicht und die Versicherungsberechtigung vom Vorliegen einer selbständigen Tätigkeit abhängig macht, nur diejenigen Personen von der deutschen Sozialversicherung erfaßt wissen will, deren selbständige Tätigkeit sich derart im Inland realisiert, daß ein Sozialversicherungsschutz nach deutschem Recht geboten erscheint[192].

Da das Tatbestandsmerkmal Entsendung sich erklärt aus der besonderen Rechtsbeziehung zwischen Arbeitgeber und Arbeitnehmer, scheidet es im Falle des Abs. 2 als Einstrahlungsvoraussetzung aus. Von Bedeutung bleiben daher allein die fortbestehende Verknüpfung zum Ausland und die befristete Tätigkeit innerhalb des Geltungsbereichs des Sozialgesetzbuchs.

aa) Fortbestehende Verknüpfung zu einem Ort außerhalb des Geltungsbereichs des Sozialgesetzbuchs

Bei der Beantwortung der Frage, wie die fortbestehende Verknüpfung zum Ausland beschaffen sein muß, ist auszugehen von dem Tätigkeitsort als dem regelmäßigen Anknüpfungspunkt für die Bestimmung der auf selbständig Erwerbstätige anwendbaren Sozialrechtsordnung (IV § 3 Nr. 1 SGB)[193]. Die Besonderheit der Einstrahlungsfälle besteht darin, daß sie Beziehungen zu einer anderen als der am faktischen Tätigkeitsort geltenden Rechtsordnung aufweisen, deren Intensität derart sind, daß demgegenüber der Tätigkeitsort als Anknüpfungspunkt für die Bestimmung des anwendbaren Sozialversicherungsrechts zurücktreten muß. In diesen Fällen vermag der Tätigkeitsort nicht den Schwerpunkt der selbständigen Tätigkeit zu bezeichnen. Eine selbständige Tätigkeit mit Schwerpunkt im Ausland strahlt insoweit ins Inland ein.

Unter Heranziehung der Regelung des Abs. 1 sind daher die Merkmale zu ermitteln, die den Tätigkeitsort als tauglichen Anknüpfungspunkt entwerten. Dieser scheidet deshalb aus, weil die selbständige Tätigkeit im Inland erfolgt bei fortbestehender Verknüpfung zum Ausland und die Inlandstätigkeit zeitlich befristet ist. Auch hier kann somit eine Entscheidung über die Nichtanwendbarkeit deutschen Sozial-

---

[192] BT-Drucks. 7/4122, 30 f. zu §§ 3 - 5.
[193] *v. Maydell,* in: GK-SGB IV § 3 Rz. 8.

versicherungsrechts erst getroffen werden nach Prüfung beider Tatbestandselemente.

Entsprechend dem Grundgedanken des IV § 5 Abs. 2 SGB muß der Anknüpfungspunkt auf das System sozialer Sicherheit verweisen, das für die betreffende Person weiterhin verantwortlich sein soll. Den Selbständigen verbindet mit dem Ausland während seiner Inlandstätigkeit insbesondere die fortbestehende Betriebsstätte oder Niederlassung. Der Sitz der Firma, des Unternehmens, des Betriebes kann jedoch nicht in allen Fällen diese Funktion erfüllen, da nicht alle Selbständigen derartige Einrichtungen unterhalten. Als ausreichend wird man daher eine feste auf Dauer bestimmte Einrichtung ansehen können, die das organisatorische Zentrum seiner Tätigkeit darstellt.

Fraglich ist, wie verfahren werden muß, wenn es an einer derartigen festen Einrichtung (Arbeitsstätte) fehlt, wie das etwa bei reisenden Künstlern und Artisten nicht selten der Fall sein wird. Hier wird man, wenn nicht die Dauer der Tätigkeit in einem Land den Schwerpunkt zu kennzeichnen vermag, hilfsweise auf den Wohnsitz oder den gewöhnlichen Aufenthalt zurückgreifen müssen. Dies läßt sich damit rechtfertigen, daß in solchen Fällen der Ort des gewöhnlichen Aufenthalts oder des Wohnsitzes die einzige feste Verknüpfung zu einer Rechtsordnung ist.

bb) Zeitlich befristete Tätigkeit innerhalb des Geltungsbereichs des Sozialgesetzbuchs

Die Inlandstätigkeit eines solchen Selbständigen führt jedoch nur dann zur Nichtanwendung der deutschen Vorschriften über Versicherungspflicht und Versicherungsberechtigung, wenn sie infolge der Eigenart der Tätigkeit oder vertraglich im voraus zeitlich begrenzt ist.

Infolge ihrer Eigenart zeitlich begrenzt ist eine selbständige Tätigkeit dann, wenn der Tätigkeit selbst diese zeitliche Begrenzung innewohnt. Das ist insbesondere der Fall bei Geschäftsreisen, sowie bei Engagements von Künstlern.

Zu Abs. 1 ist deutlich gemacht worden, daß sich die vertragliche Begrenzung nur aus einer zwischen Arbeitgeber und Arbeitnehmer abgeschlossenen Abrede ergeben kann, nicht aber etwa aus dem der Inlandstätigkeit zugrunde liegenden Auftragsverhältnis zwischen Auftraggeber und ausländischem Unternehmer[194]. Diese Differenzierung ist für die selbständige Tätigkeit nicht vorzunehmen. Hier bestimmt, sofern der betreffende Selbständige in Erfüllung eines ihm erteilten Auftrages tätig wird, dieser Auftrag die Dauer seiner Inlandstätigkeit.

---

[194] Vgl. dazu oben 1 b) cc) (2).

Enthält dieser Auftrag eine Abrede über die Dauer der Tätigkeit, so ist hierin die vertragliche Begrenzung zu sehen.

d) *Wirkungen der Einstrahlung*

Sind die genannten Tatbestandsvoraussetzungen erfüllt, ist also eine Einstrahlung i. S. dieser Vorschrift gegeben, so besteht keine Versicherungspflicht oder Versicherungsberechtigung nach den Vorschriften des deutschen Sozialversicherungsrechts, soweit sie eine selbständige Tätigkeit voraussetzen. Damit ist diesem Personenkreis insoweit der Zugang zur deutschen Sozialversicherung verschlossen.

IV. Der Vorbehalt des IV § 6 SGB

IV § 5 SGB steht unter dem Vorbehalt des IV § 6 SGB, d. h. daß von dieser Vorschrift abweichende Regelungen für die einzelnen Versicherungszweige und Vorschriften des über- und zwischenstaatlichen Rechts unberührt bleiben. Diese Vorschrift hat lediglich klarstellende Funktion, da sich der Vorrang abweichender Regelungen der einzelnen Versicherungszweige regelmäßig aus dem Gesichtspunkt der Spezialität ergibt[195]. Das überstaatliche Recht, d. h. das Recht der Europäischen Gemeinschaften, geht den genannten Rechtsvorschriften nach herrschender Lehre und Rechtsprechung bereits deshalb vor, weil es im Rang über dem nationalen Recht steht[196]. Zumindest aber ergibt sich auch hier der Vorrang aus dem Gesichtspunkt der Spezialität. Gleiches gilt für das zwischenstaatliche Recht, wo allerdings die Auffassung, daß es sich um ranghöheres Recht handele, weniger verbreitet ist[197].

Von IV § 5 SGB abweichende Regelungen für die einzelnen Versicherungszweige sind nicht ersichtlich.

Anders ist der Befund, soweit es die Regelungen des über- und zwischenstaatlichen Rechts anbetrifft. Die Verordnung (EWG) Nr. 1408/71 des Rates zur Anwendung der Systeme der sozialen Sicherheit auf Arbeitnehmer und deren Familien, die innerhalb der Gemeinschaft zu- und abwandern, sowie die zahlreichen von der Bundesrepublik

---

[195] *v. Maydell*, in: GK-SGB IV § 6 Rz. 1.

[196] Vgl. dazu *Bleckmann*, Europarecht, S. 161 ff.; *Kotthoff*, Das Rangverhältnis zwischen Supranationalem Recht und dem Recht der Mitgliedstaaten in den europäischen Gemeinschaften, Diss.; *Runge*, Einführung in das Recht der Europäischen Gemeinschaften, S. 143 ff. jeweils m. w. N.; differenzierend *Matthias*, Integrationsrechtliche Probleme im Recht der Europäischen Gemeinschaften, S. 83.

[197] Vgl. dazu *v. Maydell*, Internationales Sozialversicherungsrecht, inc: Festschrift zum 25jährigen Bestehen des BSG, S. 943 ff., 960 ff. m. w. N.

Deutschland abgeschlossenen Sozialversicherungsabkommen und sonstigen Abkommen und Übereinkommen enthalten Vorschriften, die die Frage der in den Einstrahlungsfällen anwendbaren Rechtsordnung abweichend regeln. Diese Normen sind Gegenstand des zweiten und dritten Kapitels dieses Teils der Untersuchung[198].

C. Die Regelung der Einstrahlung im Arbeitsförderungsgesetz

Da das Vierte Buch Sozialgesetzbuch gem. IV § 1 SGB nicht gilt für das Recht der Arbeitsförderung, war es notvendig, in das AFG eine Regelung der Einstrahlung aufzunehmen. Der Gesetzgeber hat dabei auf eine inhaltlich eigenständige Regelung verzichtet und in § 173 a AFG den IV § 5 SGB für entsprechend anwendbar erklärt.

I. Anwendbarkeit der Vorschriften über die Beitragspflicht der Arbeitnehmer und Arbeitgeber

Entsprechend anwendbar ist IV § 5 SGB nach dieser Vorschrift für die in den §§ 168 ff. AFG geregelte Beitragspflicht der Arbeitnehmer und Arbeitgeber. Dies ist sinnvoll, weil hinsichtlich der Beitragspflicht das Arbeitsförderungsgesetz den gleichen Grundsätzen folgt, die auch für die Versicherungspflicht in der Kranken-, Unfall- und Rentenversicherung gelten. Im vorliegenden Zusammenhang ohne Bedeutung ist die Tatsache, daß das Arbeitsförderungsgesetz vom Prinzip des Gesamtbetrages, wie es in den übrigen Zweigen der Sozialversicherung gilt, abweicht und je einen Beitrag des Arbeitnehmers und des Arbeitgebers vorsieht[199], denn die Beitragspflicht des Arbeitgebers ist gem. § 172 Abs. 1 AFG abhängig von der Beschäftigung beitragspflichtiger Arbeitnehmer.

Die Vorschriften des Arbeitsförderungsgesetzes über die Beitragspflicht, die eine Beschäftigung voraussetzen (§ 168 AFG), finden daher keine Anwendung auf solche Arbeitnehmer, die im Rahmen eines außerhalb des Geltungsbereichs des Sozialgesetzbuchs bestehenden Beschäftigungsverhältnisses in diesen Geltungsbereich entsandt worden sind, wenn die Entsendung infolge der Eigenart der Beschäftigung oder vertraglich im voraus zeitlich begrenzt ist. Ihre Arbeitgeber sind

[198] Vgl. 2. Kapitel.

[199] Vgl. dazu BT-Drucks. 5/2291, 91 f. zu §§ 163 und 168 sowie *Schönefelder / Kranz / Wanka*, AFG, Rdnr. 1 zu § 167.

beitragspflichtig nur für solche Arbeitnehmer, die selbst nach § 168 AFG beitragspflichtig sind.

II. Anwendbarkeit der Vorschriften über die Umlagepflicht

Während mit § 173 a AFG i. V. m. IV § 5 SGB die Anwendbarkeit der Vorschriften über die Beitragspflicht bei Einstrahlung ausdrücklich geregelt ist, fehlt eine solche Regelung hinsichtlich der Umlage für die Produktive Winterbauförderung (§ 186 a AFG) und das Konkursausfallgeld (§§ 186 b ff. AFG). Umlagepflichtig sind bei der Produktiven Winterbauförderung die Arbeitgeber des Baugewerbes (§ 186 a Abs. 1 AFG) und beim Konkursausfallgeld die Mitglieder der gewerblichen Berufsgenossenschaften (§ 186 c Abs. 3 AFG). Es ist daher die Frage zu stellen, inwieweit ausländische Arbeitgeber bzw. Unternehmer, die bei einer vorübergehenden Inlandstätigkeit ausschließlich oder überwiegend Arbeitnehmer beschäftigen, die aufgrund des IV § 5 Abs. 1 SGB nicht beitragspflichtig sind, der Umlagepflicht nach den §§ 186 a ff. AFG unterliegen.

1. Produktive Winterbauförderung

Nach § 186 a Abs. 1 AFG wird die Umlage erhoben von allen Arbeitgebern des Baugewerbes, in deren Betrieben die ganzjährige Beschäftigung durch Leistungen der Winterbauförderung gefördert wird. Damit wird verwiesen auf § 76 Abs. 2 AFG, der den Bundesminister für Arbeit und Sozialordnung ermächtigt, durch Rechtsverordnung den Kreis der zu fördernden Betriebe zu bestimmen. Aufgrund dieser Ermächtigung erging die Verordnung über die Betriebe des Baugewerbes, in denen die ganzjährige Beschäftigung zu fördern ist (Baubetriebe-Verordnung v. 19. 7. 1972)[200].

Eine ausdrückliche Regelung von Sachverhalten mit Auslandsberührung enthält diese Verordnung jedoch nicht.

Die Produktive Winterbauförderung (§§ 77 ff. AFG), die Leistungen an Arbeitgeber in Form von Zuschüssen und Darlehn und an Arbeitnehmer in Form von Wintergeld vorsieht, dient als Teil des mit „Förderung der ganzjährigen Beschäftigung der Bauwirtschaft" überschriebenen Maßnahmekataloges dem Zweck, die winterliche Arbeitslosigkeit in der Bauwirtschaft abzubauen und eine ganzjährige Beschäftigung zu ermöglichen[201]. Neben diesem sozialpolitischen Ziel steht als wirtschaftspolitisches Ziel der Produktiven Winterbauförderung die

---

[200] BGBl. I, 1257.

[201] *Kranz*, Winterbau, Vorbem. zu den §§ 74 - 90 AFG.

stärkere Ausnutzung der Baukapazitäten in der witterungsungünstigen Jahreszeit und damit eine Ausweitung des Angebots an Bauleistungen[202].

Beide Zielsetzungen geben Anlaß dazu, die Leistungen der produktiven Winterbauförderung zu beschränken auf Tätigkeiten, die eine enge Beziehung zur inländischen Sozial- und Wirtschaftsordnung aufweisen, da es zum einen nur um eine Förderung des inländischen Baumarkts gehen kann[203] und zum anderen diese Leistungen nur solchen Personen zugute kommen sollen, die in den Verantwortungsbereich des deutschen Arbeitsförderungsrechts fallen. Indem der Gesetzgeber durch § 173 a AFG den IV § 5 SGB im Arbeitsförderungsrecht für entsprechend anwendbar erklärte, hat er deutlich gemacht, daß die Verantwortung für das Risiko Arbeitslosigkeit dieses Personenkreises die heimatliche Sozialrechtsordnung zu tragen hat.

Daraus folgt, daß Arbeitgeber des Baugewerbes mit Sitz außerhalb des Geltungsbereichs des Sozialgesetzbuchs, die im Inland überwiegend Arbeitnehmer beschäftigen, die wegen § 173 a AFG i. V. m. IV § 5 SGB nicht beitragspflichtig sind, nicht von der Produktiven Winterbauförderung erfaßt werden, da sie nur geringfügige Beziehungen zur inländischen Sozial- und Wirtschaftsordnung aufweisen. Wegen der durch § 186 a AFG dokumentierten Verknüpfung zwischen Umlagepflicht und Förderung bedeutet dies, daß solche Arbeitgeber auch nicht umlagepflichtig sind. Beschäftigt dieser Arbeitgeber dagegen bei seinen Inlandsaktivitäten überwiegend Arbeitnehmer, die der deutschen Sozialversicherung unterliegen (sog. Ortskräfte), so erscheint es gerechtfertigt, ihn in die Produktive Winterbauförderung einzubeziehen und ihn damit auch der Umlagepflicht zu unterwerfen. Eine differenzierende Lösung dahingehend, ein und denselben Arbeitgeber für die beitragspflichtigen Arbeitnehmer umlagepflichtig und leistungsberechtigt zu machen und für Nichtbeitragspflichtige davon abzusehen, scheidet deshalb aus, weil jeweils nur organisatorische Einheiten des Baugewerbes als Ganzes gefördert werden. Eine Bestätigung der hier vertretenen Rechtsauffassung findet sich in § 1 Abs. 2 der Anordnung des Verwaltungsrates der Bundesanstalt für Arbeit über die Förderung der ganzjährigen Beschäftigung in der Bauwirtschaft (Winterbau-Anordnung) v. 4. 7. 1972[204]. Danach ist die Gewährung von Leistungen an Arbeitgeber mit Hauptbetriebssitz außerhalb des Geltungsbereichs des Arbeitsförderungsgesetzes davon abhängig, daß die überwiegende Zahl

202 Vgl. Begründung zum Entwurf eines Zweiten Gesetzes zur Änderung und Ergänzung des Arbeitsförderungsgesetzes, in: BT-Drucks. 6/2689, 9.

203 So auch BSGE 43, 255 ff.; BSG in SGb 1978, 66; diese Fälle betrafen Tätigkeiten deutscher Firmen im Ausland.

204 ANBA 1972, 511.

ihrer Arbeitnehmer eine die Beitragspflicht begründende Beschäftigung ausübt.

Eine Umlagepflicht besteht daher nicht für ausländische Arbeitgeber, die ausschließlich oder überwiegend Arbeitnehmer beschäftigen, die gemäß § 173 a AFG i. V. m. IV § 5 SGB nicht beitragspflichtig sind[205].

Diese Auffassung wird schließlich noch bestätigt durch die Neufassung des § 80 durch die Art. 1 Nr. 3 des Vierten Gesetzes zur Änderung des Arbeitsförderungsgesetzes vom 12. 12. 1977[206]; nach § 80 Abs. 2 kann die Bundesregierung durch Rechtsverordnung eine Wintergeldgewährung durch Rechtsverordnung eine Wintergeldgewährung auch für eine Tätigkeit außerhalb des Geltungsbereichs des SGB i. S. des IV § 4 Abs. 1 SGB zulassen[207].

2. Konkursausfallgeld

Eine ähnliche Frage stellt sich bei der Umlage für das Konkursausfallgeld. Aufgebracht werden gemäß § 186 b AFG die Mittel für diese Sozialleistung von den Berufsgenossenschaften, die die Kosten dafür gemäß § 186 c Abs. 3 AFG umlegen auf ihre Mitglieder nach dem Entgelt der Versicherten in den Unternehmen.

Daraus bereits ergibt sich, daß maßgebend für die Umlagepflicht die Beschäftigung von Versicherten ist. Wenn auch diese Sachnorm rein innerstaatliche Sachverhalte im Auge hat, erscheint es dennoch sachgerecht, auch bei Sachverhalten mit Auslandsberührung auf die Beschäftigung von Versicherten abzustellen. Zweck des in den §§ 141 a ff. AFG geregelten Konkursausfallgeldes ist es, den Arbeitnehmer beim Konkurs seines Arbeitgebers zu schützen. Ein solcher Schutz ist analog zu dem der Einstrahlungsregelung zugrunde liegenden Gedanken nur gerechtfertigt, wenn der Schwerpunkt der Tätigkeit des betreffenden Arbeitnehmers sich im Geltungsbereich des Sozialgesetzbuchs befindet.

Hieraus ist der Schluß zu ziehen, daß in den Einstrahlungsfällen der Arbeitgeber zum Konkursausfallgeld nur umlagepflichtig ist, soweit er versicherungspflichtige Arbeitnehmer beschäftigt. Daraus folgt auch, daß unter IV § 5 Abs. 1 SGB fallende Arbeitnehmer keinen Anspruch nach den §§ 141 a ff. AFG haben[208].

---

205 Der Verf. hat zu diesen Erörterungen ein unveröffentlichtes aber ihm zugängliches Gutachten von Prof. Dr. Rolf Birk zur Umlagepflicht in Einstrahlungsfällen herangezogen.

206 BGBl. I, 2557.

207 Vgl. VO über die Gewährung von Wintergeld an entsandte Arbeitnehmer vom 24. 5. 1978 (BGBl I, S. 646).

208 So auch *Birk*, Das Konkursausfallgeld — ein rechtsvergleichender Überblick über die Insolvenzsicherung für Arbeitnehmerforderungen, in: RabelsZ 39 (1975), 605 ff., 642 ff.

Zweites Kapitel

Die Einstrahlung nach überstaatlichem Recht

Aufgrund der Art. 2, 7 und 51 des EWG-Vertrages[1] hat der Rat der Europäischen Gemeinschaften die Verordnung Nr. 1408/71 vom 14. Juni 1971 zur Anwendung der Systeme der sozialen Sicherheit auf Arbeitnehmer und deren Familien, die innerhalb der Gemeinschaft zu- und abwandern[2], erlassen. Zu ihrer Durchführung erging die Verordnung Nr. 574/72 vom 21. März 1972[3]. Diese Verordnungen haben die EWG-Verordnung Nr. 3 des Rates vom 25. September 1958 über die soziale Sicherheit der Wanderarbeitnehmer[4], die zu ihrer Durchführung und Ergänzung ergangene Verordnung Nr. 4 vom 3. Dezember 1958[5] sowie die Verordnung Nr. 36/63 des Rates vom 2. April 1963[6] mit Wirkung vom 1. Oktober 1972 abgelöst.

Leitgedanke der Verordnung Nr. 1408/71 ist — wie in Art. 51 EWG-Vertrag und der Präambel der VO Nr. 1408/71 zum Ausdruck kommt — die Herstellung der Freizügigkeit der Arbeitnehmer[7]. Dieses Ziel wird

---

1 Vertrag zur Gründung der Europäischen Wirtschaftsgemeinschaft v. 25. 3. 1957 (BGBl. II, 766).

2 ABl. Nr. L 149/2 v. 5. 7. 1971.

3 ABl. Nr. L 74/1/72.

4 ABl. 1958, 561, zuletzt geändert durch VO Nr. 419/68 v. 27. 3. 1968 ABl. Nr. L 87/1.

5 ABl. 1958, 597, zuletzt geändert durch VO Nr. 419/68 v. 27. 3. 1968 ABl. Nr. L 87/1.

6 ABl. 1314/63, zuletzt geändert durch VO Nr. 108/64 v. 30. 7. 1964 ABl. 2138/64.

7 Vgl. dazu und allgemein zur VO Nr. 1408/71: *Bauer / Hannemann / Kinzel*, EWG-Verordnungen Nr. 1408/71 und 574/72 aus der Sicht der Rentenversicherung; *Jantz*, Soziale Sicherheit — überstaatliche Rechtsnormen, zwischenstaatliche Verträge, in: Sozialpolitik in Deutschland Nr. 41; *Kaupper*, Die Verordnung Nr. 1408/71 des Rates der EWG zur Anwendung der Systeme der sozialen Sicherheit auf Arbeitnehmer und deren Familien, die innerhalb der Gemeinschaft zu- und abwandern, in: BKK 1972, 257 ff.; *Kayser*, Die soziale Sicherung der Wanderarbeitnehmer in der Europäischen Wirtschaftsgemeinschaft, in: Festschrift für Kurt Jantz, S. 17 ff.; *Kommission der Europäischen Gemeinschaften*, Praktisches Handbuch über die soziale Sicherheit der Arbeitnehmer und deren Familien, die innerhalb der Gemeinschaft zu- und abwandern; *Lyon-Caen*, Droit social international et européen; *v. Maydell*, Die dogmatischen Grundlagen des inter- und supranationalen Sozialrechts, in: VSSR 1973/74, 347 ff.; *Nelhans*, Die Freizügigkeit der Arbeitnehmer in Europa — Eine vergleichende Darstellung der Rechts-

in der Verordnung dadurch verfolgt, daß sie, wie Ipsen[8] es ausdrückt, „die nationalen Sozialversicherungstatbestände dem Versicherten über die Grenzen hinaus nutzbar" macht. Dies ist geschehen durch eine Koordinierung der unterschiedlichen Sozialversicherungssysteme der Mitgliedsstaaten der Europäischen Gemeinschaft. Der Schritt zu einer darüber hinausgehenden Harmonisierung des Sozialversicherungsrechts im Bereich der Europäischen Gemeinschaften hingegen ist bisher über gewisse Ansätze noch nicht hinausgekommen[9].

A. Besonderheiten der Kollisionsnormen des überstaatlichen Rechts

Kollisionsnormen enthält die VO Nr. 1408/71 in Titel II, der die Überschrift „Bestimmung der anzuwendenden Rechtsvorschriften" trägt. Diese Normen bestimmen, welche der neun Rechtsordnungen im jeweiligen Einzelfall Anwendung findet. Nach der oben[10] erfolgten Begriffsbestimmung handelt es sich dabei um mehrseitige Kollisionsnormen.

---

lage in den Europäischen Gemeinschaften und auf dem Gemeinsamen Nordischen Arbeitsmarkt; *Schmidt*, Die arbeitsrechtliche und sozialversicherungsrechtliche Stellung der europäischen Wanderarbeitnehmer im Rahmen der europäischen Wirtschaftsgemeinschaft, Diss.; *Schork*, Organisationsprobleme in der Sozialversicherung im Hinblick auf eine Europäische Union, Diss.; *Schwinger*, Vom nationalen zum internationalen und übernationalen Recht der Sozialversicherung, Diss.; *Troclet / Guizzi*, Elementi di diritto sociale europeo, Milano 1975; *Wanders*, Internationale soziale Sicherheit im Spiegel der Rechtsprechung des Europäischen Gerichtshofes, in: DRV 1972, 309 ff.; *ders.*, EWG-Recht und nationales Recht mit besonderer Berücksichtigung des Sozialversicherungsrechts, in: DRV 1973, 81 ff.; *ders.*, Die Koordinierung des Sozialversicherungsrechts in der EWG, in: DRV 1974, 345 ff. und DRV 1975, 36 ff.; *ders.*, Gleichbehandlung und Leistungszahlung in der Sozialversicherung nach EWG-Recht, in: Europarecht 1976, 313 ff.; *ders.*, Die Systeme der Rentenversicherungen in den Mitgliedstaaten der EWG, in: DRV 1976, 20 ff., 92 ff.; *Wannagat*, Die Auswirkungen des übernationalen Sozialrechts auf die deutsche Sozial- und Arbeitslosenversicherung, in: SGb. 1960, 1 ff.; *Wortmann*, Neues Recht der Europäischen Gemeinschaften zur sozialen Sicherheit, in: DOK 1972, 827 ff.; sowie insbesondere *Schäfer*, Die Kollisionsnormen im internationalen öffentlichen Arbeits- und Sozialversicherungsrecht der Bundesrepublik Deutschland, Diss., S. 140.

[8] *Ipsen*, Europäisches Gemeinschaftsrecht, S. 945.

[9] Vgl. dazu *Nelhans*, Die Freizügigkeit der Arbeitnehmer in Europa, S. 135 ff.; *Wanders*, Die Koordinierung des Sozialversicherungsrechts in der EWG, in: DRV 1974, 345 ff., 351 f.; *ders.*, Die Systeme der Rentenversicherung in den Mitgliedstaaten der EWG, in: DRV 1976, 20 ff.

[10] Vgl. oben 1. Teil 1. Kapitel unter C II.

Sie nehmen eine Abgrenzung der einzelnen Sozialrechtsordnungen der Mitgliedsstaaten dadurch vor, daß sie — wie die Kollisionsnormen des Sozialgesetzbuchs — die für die Bestimmung der anwendbaren Rechtsordnung maßgeblichen Anknüpfungspunkte benennen. Aus ihrer Natur als mehrseitige Kollisionsnormen folgt jedoch, daß sie bei Sachverhalten, die sich innerhalb des Gebietes der Europäischen Gemeinschaften abspielen, nahezu lückenlos das anwendbare nationale Recht zu bezeichnen vermögen.

Daraus folgt aber auch, daß ein Unterschied zwischen Ein- und Ausstrahlung nicht zu machen ist. Dies hat seinen Grund darin, daß jede Einstrahlung vom Staate aus beobachtet, aus dem der Arbeitnehmer ins Inland entsandt wird, eine Ausstrahlung ist. Eine mehrseitige Kollisionsnorm kann daher auf diese Unterscheidung verzichten; Ein- und Ausstrahlung sind mit einer einzigen Regelung zu erfassen[11].

B. Die Regelung der Einstrahlung (Ausstrahlung) in der VO Nr. 1408/71

Mit der Bestimmung der anwendbaren Rechtsordnung für ins Inland zu vorübergehender Tätigkeit entsandte Arbeitnehmer und vergleichbare Selbständige befaßt sich Art. 14 VO Nr. 1408/71. Danach unterliegt im Grundsatz (Art. 14 Abs. 1 Buchst. a i VO Nr. 1408/71) ein Arbeitnehmer, der von einem Unternehmen, dem er gewöhnlich angehört und das seinen Sitz in einem Mitgliedsstaat hat, zu einer voraussichtlich 12 Monate nicht überschreitenden Tätigkeit in das Gebiet eines anderen Mitgliedsstaates entsandt wird, weiterhin den Rechtsvorschriften des erstgenannten Mitgliedsstaates. Derartige Entsendungsregelungen finden sich daneben noch in Art. 14 Abs. 1 Buchst. b VO Nr. 1408/71 für Arbeitnehmer im internationalen Verkehrswesen und in Art. 14 Abs. 2 a VO Nr. 1408/71 für Arbeitnehmer, die an Bord eines Schiffes tätig sind. Alle diese Regelungen erfassen gleichermaßen Ein- und Ausstrahlung. Im Rahmen dieser Untersuchung sollen die genannten Regelungen betrachtet werden unter dem Gesichtspunkt der Spezialität gegenüber IV § 5 SGB. Das bedeutet, daß es nur um solche Fallkonstellationen geht, die — vom Inland aus betrachtet — als Einstrahlung zu qualifizieren sind.

---

[11] *v. Maydell*, in: GK-SGB IV § 6 Rz. 10.

I. Das Verhältnis von Art. 14 VO Nr. 1408/71 zu den anderen Kollisionsnormen des Europäischen Gemeinschaftsrechts

Die genannten Entsendungsregelungen sind zu verstehen als Ausnahmen von der Vorschrift des Art. 13 VO Nr. 1408/71. Nach Abs. 2 Buchst. a dieser Vorschrift unterliegt ein Arbeitnehmer grundsätzlich den Rechtsvorschriften des Mitgliedsstaates, in dem er beschäftigt ist. Entsprechendes regeln die Buchstaben b und c dieses Absatzes, die an Bord von Schiffen beschäftigte Arbeitnehmer sowie Beamte und ihnen gleichgestellte Personen zum Gegenstand haben.

Ebenso wie in IV § 3 Nr. 1 SGB wird damit die Abgrenzung der verschiedenen nationalen Systeme sozialer Sicherheit vorgenommen nach dem Ort der Beschäftigung. Der Beschäftigungsort ist also auch hier regelmäßiger Anknüpfungspunkt. Die in Art. 14 VO Nr. 1408/71 enthaltenen Entsendungsregelungen erfassen die Fälle, in denen der Beschäftigungsort als tauglicher Anknüpfungspunkt ausscheidet.

II. Der Inhalt der Entsendungsregelung des Art. 14 VO Nr. 1408/71

Im Gegensatz zu den IV §§ 4 und 5 SGB enthält Art. 14 VO Nr. 1408/71 neben einer allgemeinen Entsendungsregelung Spezialvorschriften für besondere Personenkreise, wie etwa Arbeitnehmer im internationalen Verkehrswesen[12].

1. Die allgemeine Entsendungsregelung

Anders als IV § 5 SGB nennt Art. 14 Abs. 1 Buchst. a i nur die Voraussetzungen, unter denen die Rechtsvorschriften des Entsendestaates weiterhin anwendbar bleiben. Um welche Rechtsvorschriften es dabei geht und welcher Personenkreis von der Regelung erfaßt ist, läßt sich nur aus anderen Vorschriften der Verordnung entnehmen.

a) Erfaßter Personenkreis

Die VO Nr. 1408/71 und damit auch Art. 14 Abs. 1 Buchst. a i gilt gem. Art. 2 VO Nr. 1408/71 nur für Arbeitnehmer, die Staatsangehörige eines Mitgliedsstaates sind oder als Flüchtlinge oder Staatenlose in einem Mitgliedsstaat wohnen. Für Arbeitnehmer mit der Staatsangehörigkeit eines nicht den Europäischen Gemeinschaften angehörenden Staates, die aus einem Mitgliedsstaat der Europäischen Gemeinschaften ins In-

---

[12] Vgl. dazu unter 2.

land entsandt worden sind, verbleibt es damit bei der Regelung der IV §§ 3 - 6 SGB, sofern nicht die in den Grenzen des Art. 6 VO Nr. 1408/71 weiterhin in Geltung befindlichen zweiseitigen Sozialversicherungsabkommen zwischen den einzelnen Mitgliedsstaaten für diesen Personenkreis eine Regelung treffen[13].

Gemäß Art. 2 Abs. 1 VO Nr. 1408/71 gilt die Verordnung nur für Arbeitnehmer. Art. 13 und 14 bestimmen daher auch die anzuwendenden Rechtsvorschriften nur für die Arbeitnehmer. Für die Anwendung der Verordnung wird der Begriff des Arbeitnehmers in Art. 1 Buchst. a definiert. Wenn der Unterabsatz i darunter alle Personen versteht, die in einem System der sozialen Sicherheit für Arbeitnehmer pflicht- oder freiwillig weiterversichert sind, so bedeutet dies, daß erfaßt sind nicht nur Arbeitnehmer im Sinne unserer nationalen Begriffsbestimmung, sondern sämtliche nach den Vorschriften der Reichsversicherungsordnung pflicht- oder freiwillig weiterversicherten Personen. Damit gilt die Entsendungsregelung des Art. 14 auch für Selbständige und andere Personengruppen, soweit sie in ein solches System eingegliedert sind[14]. Eine solche Erstreckung des persönlichen Geltungsbereichs der Verordnung ist zwar nicht von dem nur Arbeitnehmer betreffenden Art. 51 EWG-Vertrag, wohl aber von Art. 2 EWG-Vertrag gedeckt; die in Art. 2 genannten Aufgaben werden u. a. in Art. 3 Buchst. c EWG-Vertrag dahin konkretisiert, daß die Tätigkeit der Gemeinschaft auch die Beseitigung von Hindernissen für den freien Personen-, Dienstleistungs- und Kapitalverkehr zwischen den Mitgliedsstaaten umfasse[15].

b) Erfaßte Rechtsvorschriften

Welche Rechtsvorschriften die Entsendungsregelung des Art. 14 Abs. 1 Buchst. a i VO Nr. 1408/71 erfaßt, bestimmt Art. 4 der Verordnung. Danach gilt diese Verordnung für alle Rechtsvorschriften über Zweige der sozialen Sicherheit, die Leistungen bei Krankheit, Mutterschaft, Invalidität, Alter, Arbeitsunfällen und Berufskrankheiten, Arbeitslosigkeit sowie Sterbegeld, Hinterbliebenen- und Familienleistungen betreffen. Das bedeutet, daß, sofern die in der Entsendungsregelung aufgestellten Voraussetzungen erfüllt sind, die diesen Komplex regelnden deutschen Rechtsvorschriften unanwendbar sind und die Rechtsvorschriften des Herkunftsstaates weiterhin anwendbar bleiben. Da Art. 4 VO Nr. 1408/71 auch Leistungen der Arbeitslosigkeit aufführt,

---

[13] Vgl. dazu 3. Kapitel.

[14] *Bauer / Hannemann / Kinzel*, EWG-Verordnungen 1408/71 und 574/72 aus der Sicht der Rentenversicherung, Erläuterungen zu Art. 1 Buchst. a.

[15] Vgl. dazu auch *Wanders*, Gleichbehandlung und Leistungszahlung in der Sozialversicherung nach EWG-Recht, in: Europarecht 1976, 313 ff., 317.

geht der sachliche Geltungsbereich dieser Verordnung über den des Vierten Buchs Sozialgesetzbuch hinaus. Art. 14 Abs. 1 Buchst. a i VO Nr. 1408/71 hat damit auch Vorrang vor § 173 a AFG i. V. m. IV § 5 SGB.

Gemäß Art. 15 VO Nr. 1408/71 gilt die Entsendungsregelung nicht für die freiwillige Versicherung und die freiwillige Weiterversicherung. Insofern bleiben die nationalen Rechtsvorschriften, in den Einstrahlungsfällen also IV § 5 SGB und hilfsweise IV § 3 SGB anwendbar. Fraglich ist jedoch, ob auch die Pflichtversicherung auf Antrag gemäß § 1227 Ziff. 9 RVO von Art. 14 VO Nr. 1408/71 nicht erfaßt wird. Der Begriff „freiwillige Versicherung" wird in der VO Nr. 1408/71 nicht definiert. Es ist aber zu erwägen, ob nicht insofern die Definition des IV § 2 Abs. 1 SGB herangezogen werden kann. Danach wäre Pflichtversicherung auf Antrag ein Fall von Versicherungsberechtigung bzw. freiwilliger Versicherung, da das Versicherungsverhältnis aufgrund freiwilligen Beitritts zustandekommt. Die Pflichtversicherung auf Antrag ist damit nach ihrem Zustandekommen eine freiwillige Versicherung, nach ihrem Inhalt hinsichtlich der Rechte und Pflichten eine Pflichtversicherung. Entscheidend für die begriffliche Einordnung ist jedoch die Art der Begründung des Versicherungsverhältnisses[16], so daß die Pflichtversicherung auf Antrag als freiwillige Versicherung i. S. von Art. 15 VO Nr. 1408/71 zu qualifizieren ist. Demzufolge findet insoweit nicht Art. 14 VO Nr. 1408/71, sondern IV § 5 SGB bzw. IV § 3 SGB Anwendung, sofern nicht ein einschlägiges Sozialversicherungsabkommen etwas anderes bestimmt.

c) Voraussetzungen der Einstrahlung

Anders als IV § 5 SGB benennt Art. 14 Abs. 1 Buchst. a i VO Nr. 1408/71 den Anknüpfungspunkt konkret und sieht eine Höchstfrist vor. Voraussetzung für die Unanwendbarkeit ist aber auch hier eine fortbestehende Verknüpfung zum Ausland, d. h. zur Rechtsordnung eines anden Mitgliedsstaates und eine zeitlich befristete Entsendung.

aa) Fortbestehende Verknüpfung zur Rechtsordnung eines anderen Mitgliedsstaates

Durch die Formulierung „... Arbeitnehmer, der im Gebiet eines Mitgliedsstaates ... beschäftigt wird" knüpft Art. 14 Abs. 1 Buchst. a i VO Nr. 1408/71 unmittelbar an die in Art. 13 Abs. 2 Buchst. a enthaltene Grundsatzregelung an, nach der unabhängig vom Sitz des Unternehmens bzw. Arbeitgebers maßgebend das Recht des Staates ist, in dem

[16] Vgl. dazu *Merten*, in: GK-SGB IV § 2 Rz. 94.

der Arbeitnehmer beschäftigt ist. Die den Wechsel des Beschäftigungsortes überdauernde Verknüpfung wird dann umschrieben durch die Wendung „von einem Unternehmen beschäftigt ..., dem er gewöhnlich angehört". Wenn Art. 13 Abs. 2 Buchst. a VO Nr. 1408/71 den Arbeitnehmer den Rechtsvorschriften am Beschäftigungsort unterwirft ohne Rücksicht auf den Sitz des Arbeitgebers oder des Unternehmens, so folgt daraus für Art. 14 Abs. 1 Buchst. a i VO Nr. 1408/71, daß auch hier nicht maßgebend sein kann, ob dieser Sitz sich in dem Staat befindet, aus dem der Arbeitnehmer entsandt wird. Ansonsten ließe sich nicht die Fortsetzung des Versicherungsverhältnisses zum Sozialleistungsträger des Staates sicherstellen, bei dem der Arbeitnehmer aufgrund der Grundsatzregelung des Art. 13 Abs. 2 Buchst. a VO Nr. 1408/71 versichert gewesen ist.

Maßgebend können daher nicht in jedem Fall die Rechtsvorschriften am Sitz des Unternehmens sein. Davon wird man vielmehr lediglich dann ausgehen können, wenn der Arbeitnehmer einer arbeitstechnischen Einheit dieses Unternehmens im Sitzstaat zugeordnet werden kann. Dieser Gedankengang wird bestätigt durch die Begründung der Kommission der Europäischen Wirtschaftsgemeinschaft[17] zu ihrem Verordnungsvorschlag vom 11. Januar 1966[18], aus dem die VO Nr. 1408/71 hervorging. Danach sollen die Arbeitnehmer den Rechtsvorschriften des Landes unterstellt bleiben, aus dem sie entsandt werden.

Ebenso wie im innerstaatlichen Sozialversicherungsrecht ist auch hier die Frage zu stellen, ob die Entsendungsvorschrift auch Anwendung findet auf Arbeitnehmer, die lediglich zum Zwecke der Entsendung eingestellt worden sind. Angesichts der Formulierung „Unternehmen, dem er gewöhnlich angehört", tauchen insofern Bedenken auf.

Die mit aus den sozialrechtlichen EG-Verordnungen sich ergebenden Verwaltungs- und Auslegungsfragen betraute Verwaltungskommission der Europäischen Kommission für die soziale Sicherheit der Wanderarbeitnehmer hat in zwei Beschlüssen zu dieser Frage Stellung genommen. In ihrem Beschluß Nr. 12 vom 18. September 1959 über die Regelung des Art. 13 Buchst. a der VO Nr. 3[19] erklärte sie die Entsendungsregelung für anwendbar auch auf solche Arbeitnehmer, die speziell zum Zwecke der Entsendung eingestellt worden sind. Dieser Be-

---

17 BT-Drucks. 5/197, S. 35 zu Art. 14.

18 Seit dem 1. 7. 1967 Kommission der Europäischen Gemeinschaften gem. Art. 9 ff. des Vertrages zur Einsetzung eines gemeinsamen Rates und einer gemeinsamen Kommission der Europäischen Gemeinschaften (BGBl. 1965 II, 1453).

19 ABl. Nr. 64 v. 17. 12. 1959, S. 1245.

schluß wurde nach Inkrafttreten der VO Nr. 1408/71 durch Beschluß Nr. 87 vom 20. März 1973 bestätigt[20].

Im Jahre 1967 — also noch unter der Geltung der VO Nr. 3 — war auch der Europäische Gerichtshof mit diesem Problem befaßt[21]. Der Europäische Gerichtshof interpretierte die damalige Fassung „... von einem Unternehmen beschäftigt, das im Hoheitsgebiet des ersten Staates einen Betrieb hat, dem die Arbeitnehmer gewöhnlich angehören ...", die in ihrer niederländischen Fassung zu Zweifeln Anlaß gab, unter Heranziehung des französischen, italienischen und deutschen Textes dahingehend, daß lediglich eine Verbindung zu einem Betrieb in diesem Staat notwendig sei.

Diese Entscheidung des Europäischen Gerichtshofs und die Beschlüsse der Verwaltungskommission decken sich mit der zu IV § 5 SGB vertretenen Rechtsauffassung[22].

Hier wie dort erscheint es sachgerecht, solche Arbeitnehmer weiterhin den Rechtsvorschriften des Staates zu unterwerfen, aus dem sie ins Inland entsandt worden sind. Der rechtliche und tatsächliche Schwerpunkt derartiger Beschäftigungsverhältnisse liegt weiterhin regelmäßig im Entsendestaat[23].

Noch ein weiteres Problem stellt sich für das Europäische Gemeinschaftsrecht ebenso wie für das innerstaatliche Sozialversicherungsrecht. Werden Arbeitnehmer eines Unternehmens innerhalb der Europäischen Gemeinschaft grenzüberschreitend einem anderen Unternehmen überlassen, so stellt sich die Frage, ob ein davon betroffener Arbeitnehmer als dem Verleih- oder dem Entleihunternehmen angehörig zu qualifizieren ist, wovon dann im Einzelfall die Anwendung der Entsendungsregelung abhängig ist.

Der Europäische Gerichtshof entschied hierzu, daß in diesem Fall der betreffende Arbeitnehmer weiterhin als dem Verleihunternehmen zugehörig zu betrachten sei[24]. Er begründete dies mit der Erwägung, daß es Sinn der Entsendungsregelung sei, Hindernisse für die Freizügigkeit von Arbeitnehmern zu überwinden. Es sei daher nicht sinnvoll, ihn während der Tätigkeit beim Entleihunternehmen den Rechtsvorschriften eines anderen Mitgliedsstaates zu unterwerfen, zumal die

---

20 ABl. Nr. C 86 v. 20. 7. 1974, S. 5.

21 EuGH Rechtssache 19/67, in: EuGHRspr. XIII, 462 ff.

22 Vgl. dazu oben 1. Kapitel B III 1 b) bb).

23 Vgl. auch *Wanders*, Internationale soziale Sicherheit im Spiegel der Rechtsprechung des Europäischen Gerichtshofes, in: DRV 1972, 309 ff., 315.

24 EuGH Rechtssache 35/70, in: EuGHRspr. XVI, 1251.

innerstaatlichen Rechtsvorschriften bestimmte Sozialleistungen bei kurzer Versicherungsdauer im allgemeinen nicht gewähren.

Auch diese Erwägungen decken sich mit der zu IV § 5 SGB vertretenen Rechtsauffassung, den Beziehungen zum Verleiher die ausschlaggebende Bedeutung beizumessen[25].

bb) Entsendung in die Bundesrepublik Deutschland

Ein Arbeitnehmer, der in der geschilderten Weise mit der Sozial- und Wirtschaftsordnung des anderen Mitgliedsstaates verknüpft ist, unterliegt dann weiterhin den Rechtsvorschriften des Herkunftsstaates, wenn er von dem Unternehmen, dem er gewöhnlich angehört, zur Ausführung einer Arbeit für dessen Rechnung in das Gebiet der Bundesrepublik Deutschland entsandt wird. Auch hier ist unter Entsendung eine durch den Arbeitgeber veranlaßte und in seinem Interesse erfolgende Ortsveränderung zu verstehen[26]. Daß die Entsendung erfolgen muß zur Ausführung einer Arbeit für Rechnung des entsendenden Unternehmens, ist vom Wortlaut her eine Abweichung gegenüber IV § 5 SGB, dürfte aber nicht zu abweichenden Ergebnissen im Einzelfall führen, da bei IV § 5 SGB eine im Rahmen einer fortbestehenden arbeitsvertraglichen Beziehung erfolgende Entsendung regelmäßig eine solche für Rechnung des entsendenden Arbeitgebers ist.

cc) Zeitliche Begrenzung der Entsendung

Von IV § 5 SGB unterscheidet sich Art. 14 Abs. 1 Buchst. a i VO Nr. 1408/71 — soweit es die zeitliche Begrenzung anbetrifft — auf zweierlei Weise. Zum einen enthält Art. 14 Abs. 1 Buchst. a i VO Nr. 1408/71 eine feste Höchstfrist und zum anderen wird zwischen der sich aus Vertrag und der sich aus der Eigenart der Beschäftigung ergebenden zeitlichen Begrenzung nicht differenziert. Von Bedeutung ist jedoch lediglich der in einer festen Höchstfrist im Vergleich zur Regelung des IV § 5 SGB liegende Unterschied. Wenn es um die Frage geht, aufgrund welcher Kriterien die Dauer der Arbeit zu ermitteln ist, so wird wieder auf Vertrag oder die Eigenart der Beschäftigung zurückzugreifen sein.

Die Dauer der Arbeit darf voraussichtlich 12 Monate nicht überschreiten. Damit ist — ebenso wie bei IV § 5 SGB — erforderlich, daß die zeitliche Begrenzung bereits bei Beginn der Tätigkeit im anderen Mitgliedsstaat feststeht. Zusätzlich sieht Art. 14 Abs. 1 Buchst. a i VO

[25] Vgl. dazu oben 1. Kapitel B III 1 b) aa) (2) (c) δ).

[26] Siehe dazu oben 1. Kapitel B III 1 b) bb).

Nr. 1408/71 vor, daß die Rechtsvorschriften des Entsendestaates nur dann weitergelten, wenn der betreffende Arbeitnehmer nicht an Stelle eines anderen Arbeitnehmers entsandt wird, dessen Entsendezeit abgelaufen ist. Die Vorgängerin der VO Nr. 1408/71, die VO Nr. 3 des Rates der EWG vom 25. September 1958 über die soziale Sicherheit der Wanderarbeitnehmer[27], enthielt eine solche Einschränkung in ihrer ursprünglichen Fassung nicht. Erst als sich herausstellte, daß mit dieser Vorschrift Mißbrauch getrieben wurde, sah man sich zu einer Änderung veranlaßt[28]. Verschiedene Unternehmen mit langfristigen Bauaufträgen außerhalb des Mitgliedsstaates, in dem der Betrieb liegt, von dem aus die Arbeitnehmer entsandt worden sind, gingen dazu über, die entsandten Arbeitnehmer turnusmäßig abzulösen, um die Abführung höherer Beiträge im Beschäftigungsland zu vermeiden.

Eine zwölf Monate überschreitende Dauer der Tätigkeit in einem anderen Mitgliedsstaat führt nur unter sehr engen Voraussetzungen zur Weitergeltung der Rechtsvorschriften des Entsendestaates (vgl. Art. 14 Abs. 1 Buchst. a ii VO Nr. 1408/71). Zunächst verlangt die Vorschrift, daß die ursprünglich vorgesehene Dauer zwölf Monate nicht überschreitet. Die Gründe, die zur Fristüberschreitung führen, dürfen nicht vorhersehbar gewesen sein. Hinter dieser Regelung steht der Gedanke, daß es nicht sinnvoll ist, einen Arbeitnehmer, dessen Tätigkeit im anderen Mitgliedsstaat ursprünglich zwölf Monate nicht überschreiten sollte, in solchen besonderen Fällen bei Überschreitung der Frist für die zusätzlichen Monate den Rechtsvorschriften dieses anderen Mitgliedsstaates zu unterwerfen oder gar die Fortgeltung der Rechtsvorschriften des Entsendestaates rückwirkend entfallen zu lassen. Diese Ratio liegt auf einer Linie mit dem Grundgedanken des Art. 14 VO Nr. 1408/71, der Hindernisse für die Freizügigkeit der Arbeitnehmer überwinden und administrative Schwierigkeiten für die Beteiligten (Arbeitnehmer, Unternehmen und Sozialversicherungsträger) vermeiden soll[29]. Die Weitergeltung der Rechtsvorschriften des Entsendestaates ist in diesen Fällen abhängig von einer Genehmigung durch die zuständige Behörde des Staates, in dessen Gebiet der Arbeitnehmer entsandt worden ist. Dies ist in den hier interessierenden Einstrahlungsfällen gemäß Art. 1 Buchst. 1 VO Nr. 1408/71 i. V. m. Art. 4 Abs. 1 VO Nr. 574/72 und Anhang 1 zu VO Nr. 574/72 der Bundesminister für Arbeit und Sozialordnung in Bonn. Er kann die Geneh-

---

[27] ABl. 1958, 561.

[28] Vgl. hierzu und zu den folgenden Ausführungen BT-Drucks. 4/1669 und 4/1727.

[29] EuGH Rechtssache 35/70, in: EuGHRspr. XVI, 1251 ff. Diese Entscheidung betraf Art. 13 Buchst. a VO Nr. 3.

migung für höchstens zwölf weitere Monate erteilen. Der Antrag ist vor Ablauf der ersten zwölf Monate vom Arbeitgeber[30] zu stellen.

d) Wirkungen der Einstrahung

Liegen die geschilderten Voraussetzungen vor, so finden die Rechtsvorschriften des Entsendestaates auch während des Inlandsaufenthalts der betreffenden Person Anwendung. Sie ist also in der Sozialversicherung des Entsendestaates weiterhin versichert und hat Leistungsansprüche grundsätzlich gegen die Sozialversicherungsträger dieses Staates.

Davon macht die VO Nr. 1408/71, die im Gegensatz zum Vierten Buch Sozialgesetzbuch auch Kollisionsnormen für die Leistungsseite enthält[31], mit den Vorschriften über die Leistungsansprüche bei Aufenthalt in einem anderen als dem nach den Art. 13 - 17 VO Nr. 1408/71 zuständigen Mitgliedsstaat nur scheinbar eine Ausnahme. Diese Regelungen lassen die grundsätzliche Anwendbarkeit der Rechtsvorschriften des Entsendestaates unberührt, sehen aber eine Leistungsaushilfe durch den für den Aufenthaltsort zuständigen Träger vor. Eine solche Leistungsaushilfe bei Arbeitnehmern, die die Voraussetzungen des Art. 14 VO Nr. 1408/71 erfüllen, sieht für das Risiko Krankheit und Mutterschaft Art. 22 VO Nr. 1408/71 i. V. m. Art. 20 VO Nr. 574/72 und für das Risiko Arbeitsunfälle und Berufskrankheiten Art. 55 VO Nr. 1408/71 i. V. m. Art. 62 VO Nr. 574/72 vor. Die Leistungsaushilfe ist beschränkt auf die Sachleistungen, für die der Träger am Aufenthaltsort vom zuständigen Träger gem. Art. 36 VO Nr. 1408/71[32] bzw. Art. 63 VO Nr. 1408/71[33] Erstattung in voller Höhe verlangen kann. Die Sachleistungen werden gewährt nach den für den Träger am Aufenthaltsort geltenden Vorschriften, und zwar so, als ob die betreffenden Arbeitnehmer bei ihm versichert gewesen wären. Geldleistungen werden in solchen Fällen unmittelbar vom zuständigen Träger, d. h. vom Träger des Staates gewährt, dessen Rechtsvorschriften weiterhin anwendbar bleiben (vgl. Art. 22 Abs. 1 Buchst. c ii).

---

[30] Vgl. dazu Art. 11 Abs. 2 VO Nr. 574/72.

[31] Vgl. zum Leistungsrecht der VO Nr. 1408/71 insbesondere *Nelhans*, Die Freizügigkeit der Arbeitnehmer in Europa, S. 131 ff.; *Wanders*, Gleichbehandlung und Leistungszahlung in der Sozialversicherung nach EWG-Recht, in: Europarecht 1976, 313 ff.

[32] Zur Durchführung vgl. Art. 93 VO Nr. 574/72.

[33] Zur Durchführung vgl. Art. 96 i. V. m. Art. 93 VO Nr. 574/72.

2. Sonderregelung für Arbeitnehmer im internationalen Verkehrswesen

Anders als IV § 5 SGB sieht die VO Nr. 1408/71 in Art. 14 Abs. 1 Buchst. b eine besondere Entsendungsregelung für Arbeitnehmer im internationalen Verkehrswesen vor.

Abweichend von Art. 14 Abs. 1 Buchst. a VO Nr. 1408/71 ist in Buchst. b dieses Artikels grundsätzlicher Anknüpfungspunkt der Sitz des Unternehmens. Maßgeblich und anwendbar sind bei Arbeitnehmern im internationalen Verkehrswesen also grundsätzlich die Rechtsvorschriften des Mitgliedsstaates, in dem das Unternehmen seinen Sitz hat. Diese Abweichung von Buchst. a des Art. 14 Abs. 1 VO Nr. 1408/71 hat ihren Grund wohl darin, daß bei Arbeitnehmern im internationalen Verkehrswesen eine feste örtlich lokalisierbare Arbeitsstätte nicht vorhanden ist; eine Anknüpfung, wie sie Buchst. a vornimmt, würde daher scheitern. Auch hier ist aber der Sitz des Unternehmens Anknüpfungspunkt nur dann, wenn Unternehmenssitz und Beschäftigungsbetrieb sich im gleichen Mitgliedsstaat befinden. Dies wird deutlich in Unterabs. i des Buchst. b, der einen von einer Zweigstelle oder ständigen Vertretung in einem anderen Mitgliedsstaat beschäftigten Arbeitnehmer den Rechtsvorschriften des Mitgliedsstaates unterstellt, in dem der Beschäftigungsort bzw. die ständige Vertretung liegt. Hilfsweise sieht Unterabs. ii des Buchst. b eine Anknüpfung an den Wohnsitz vor für den Fall, daß er überwiegend in seinem Wohnsitzstaat beschäftigt wird, in dem das ihn beschäftigende Unternehmen weder seinen Sitz noch eine Zweigstelle noch eine ständige Vertretung hat.

Auf eine ausdrückliche zeitliche Befristung konnte für diesen Personenkreis verzichtet werden, da sich die nur vorübergehende Tätigkeit in einem anderen Staat bereits aus der Eigenart der Beschäftigung unmittelbar ergibt.

3. Sonderregelung für Arbeitnehmer auf Seeschiffen

Nicht von der Grundsatzregelung des Art. 13 Abs. 2 Buchst. a VO Nr. 1408/71 werden erfaßt Arbeitnehmer, die an Bord eines Schiffes tätig sind, das die Flagge eines Mitgliedsstaates führt. Für sie ist gemäß Art. 13 Abs. 2 Buchst. b VO Nr. 1408/71 grundsätzlich das Recht des Flaggenstaates maßgeblich.

Eine hiervon in Parallele zu Art. 14 Abs. 1 Buchst. a und b VO Nr. 1408/71 abweichende Regelung enthält Art. 14 Abs. 2 VO Nr. 1408/71. Für die Entsendung auf ein Schiff, das die Flagge eines anderen Mitgliedsstaates führt, macht Abs. 2 Buchst. a die Fortgeltung der Rechtsvorschriften des Entsendestaates von den gleichen, wenn auch auf die Besonderheiten der Seefahrt zugeschnittenen Voraussetzungen abhängig.

III. Ausnahmeregelung durch Vereinbarung

Für den Fall, daß von vornherein absehbar ist, daß die Tätigkeit im anderen Mitgliedsstaat — hier der Bundesrepublik Deutschland — zwölf Monate übersteigen wird und für den Fall, daß trotz einer Verlängerung nach Art. 14 Buchst. a ii VO Nr. 1408/71 der Zeitpunkt der Beendigung nicht eingehalten werden kann, sieht Art. 17 VO Nr. 1408/71 vor, daß zwei oder mehr Mitgliedsstaaten oder die zuständigen Behörden — auf deutscher Seite der Bundesminister für Arbeit- und Sozialordnung — im Interesse bestimmter Arbeitnehmer oder Arbeitnehmergruppen Ausnahmen vereinbaren können.

Ebenfalls bedarf es einer solchen Vereinbarung, wenn zunächst an eine kurzfristige Entsendung gedacht worden ist, sich aber hernach herausstellt, daß die Tätigkeit den nach Art. 14 Nr. 1408/71 höchstzulässigen Zeitraum von vierundzwanzig Monaten übersteigt[34].

---

34 Vgl. dazu Schreiben des Bundesministeriums für Arbeit und Sozialordnung v. 12. 7. 1971 — IV b 8-4022 10-3130/71 an den Hauptverband der gewerblichen Berufsgenossenschaften zu Anträgen auf Abschluß von Vereinbarungen gemäß Art. 15 EWG-Verordnung Nr. 3 — abgedruckt bei *Plöger / Wortmann*, Deutsche Sozialversicherungsabkommen mit ausländischen Staaten Anm. 4 zu Art. 17 VO 1408/71.

Drittes Kapitel

Die Einstrahlung nach zwischenstaatlichem Recht

Mit einer großen Anzahl von Staaten hat die Bundesrepublik Deutschland bilaterale und multilaterale Verträge abgeschlossen, die Fragen der sozialen Sicherheit zum Gegenstand haben[1]. Dahinter steht — ebenso wie bei den oben erörterten EWG-Verordnungen — der Gedanke, daß Wanderarbeitnehmern, d. h. Arbeitnehmern, die auch in anderen als ihren Heimatstaaten einer Beschäftigung nachgehen, aus dem Wechsel des Beschäftigungslandes möglichst keine Nachteile hinsichtlich ihrer sozialen Sicherheit erwachsen sollen. Große praktische Relevanz hat dies erhalten seit Ende des Zweiten Weltkrieges durch die Tätigkeit von Millionen von Gastarbeitnehmern in Deutschland und die wachsende weltwirtschaftliche Verflechtung. Das machte es erforderlich, die der Freizügigkeit im Wege stehenden Barrieren im Wege von Vereinbarungen zu beseitigen. Es mußte insbesondere sichergestellt werden, daß Anwartschaften erhalten, Leistungen auch bei Auslandsaufenthalt gewährt und Tätigkeiten in einem anderen Staat im Leistungsfall mit angerechnet werden[2]. Die Rechtsnormen dieser Abkommen erfüllen dabei die Aufgabe, die Gesetzgebung der beteiligten Staaten zur sozialen Sicherheit konstruktiv miteinander zu verbinden[3].

---

[1] Einen umfassenden Überblick über die von der Bundesrepublik Deutschland abgeschlossenen Sozialversicherungsabkommen sowie die Sozialpolitik in überstaatlichen und internationalen Organisationen vermittelt *Fischer*, Internationale Sozialpolitik, Übersicht, in: BABl. 1975, 243 ff.; vgl. auch *Plöger / Wortmann*, Deutsche Sozialversicherungsabkommen mit ausländischen Staaten, Textausgabe mit Anmerkungen, Verweisungen und amtlichen Begründungen; siehe auch *Kastner*, Die Entwicklung des zwischenstaatlichen Rechts in der Krankenversicherung, in: DOK 1971, 786 ff.; *Lüdtke*, Auslegung von Sozialversicherungsabkommen, in: DOK 1974, 625 ff.; *ders.*, Sozialversicherungsabkommen und Rechtsprechung, in: BABl. 1974, 324 ff.; *v. Maydell*, Die dogmatischen Grundlagen des inter- und supranationalen Sozialrechts, in: VSSR 1973/74, 347 ff.; *Schwinger*, Vom nationalen zum internationalen und übernationalen Recht der Sozialversicherung, Diss.; *Wortmann*, Zwischenstaatliches Krankenversicherungsrecht — Umfassende Regelungen mit 14 Ländern, in: ErsK 1976, 333 ff.; *Zacher*, Internationales und Europäisches Sozialrecht, sowie *Schäfer*, Die Kollisionsnormen im internationalen öffentlichen Arbeits- und Sozialversicherungsrecht der Bundesrepublik Deutschland, Diss., 94 ff.

[2] Vgl. hierzu Die soziale Sicherheit der Wanderarbeitnehmer in Europa, Ein Bericht des Internationalen Arbeitsamts, in: BKK 1972, 118 ff.; *Jantz*, Die Hauptgrundsätze der zwischenstaatlichen Sozialversicherung, in: Die

A. Besonderheiten der Kollisionsnormen zwischenstaatlichen Rechts

Die in diesen Abkommen enthaltenen Kollisionsnormen sind nach der oben[4] erfolgten Begriffsbestimmung zweiseitige, sofern es sich um bilaterale und mehrseitige, soweit es sich um multilaterale Abkommen handelt.

Sie nehmen ebenso wie die bisher erörterten Kollisionsnormen die Abgrenzung der beteiligten Sozialrechtsordnungen dadurch vor, daß sie die für die Bestimmung der anwendbaren Rechtsordnung maßgeblichen Anknüpfungspunkte benennen. Aus ihrer Natur als zwei- bzw. mehrseitige Kollisionsnormen folgt, daß sie bei Sachverhalten mit Beziehungen zum anderen Vertragsstaat nahezu lückenlos das anwendbare nationale Recht zu bezeichnen vermögen. Daraus folgt aber wiederum auch, daß eine Unterscheidung zwischen Ein- und Ausstrahlung nicht zu machen ist.

B. Die Regelung in zweiseitigen Sozialversicherungsabkommen

Der weitaus größte Teil der von der Bundesrepublik Deutschland mit ausländischen Staaten abgeschlossenen Sozialversicherungsabkommen enthält Regelungen über entsandte Arbeitnehmer[5], die IV § 5 SGB

Sozialversicherung der Gegenwart, Bd. 3, S. 21 ff.; *ders.*, Soziale Sicherheit — überstaatliche Rechtsnormen, zwischenstaatliche Verträge, in: Sozialpolitik in Deutschland Nr. 41.

3 *Jantz*, Soziale Sicherheit — überstaatliche Rechtsnormen, zwischenstaatliche Verträge, S. 3.

4 Vgl. oben 1. Teil 2. Kapitel C II.

5 Art. 6 des Allgemeinen Abkommens zwischen der Bundesrepublik Deutschland und dem Königreich Belgien über Soziale Sicherheit v. 7. 12. 1957 (BGBl. 1963 II, 406); Art. 4 Abs. 2 Nr. 1 und 3 des Abkommens zwischen der Bundesrepublik Deutschland und dem Königreich Dänemark über Sozialversicherung v. 14. 8. 1953 (BGBl. 1954 II, 754); Art. 3 § 2 des Allgemeinen Abkommens zwischen der Bundesrepublik Deutschland und Frankreich über Soziale Sicherheit v. 10. 7. 1950 (BGBl. 1951 II, 178); Art. 7 des Abkommens zwischen der Bundesrepublik Deutschland und dem Königreich Griechenland über Soziale Sicherheit v. 25. 4. 1961 (BGBl. 1963 II, 679), vgl. dazu auch Koulopoulos, Das Recht der sozialen Sicherheit der ausländischen Arbeitnehmer in der Bundesrepublik Deutschland, S. 108; Art. 5 des Abkommens zwischen der Bundesrepublik Deutschland und dem Vereinigten Königreich Großbritannien und Nordirland über Soziale Sicherheit v. 20. 4. 1960 (BGBl. 1961 II, 242); Art. 6 des Abkommens zwischen der Bundesrepublik Deutschland und dem Staat Israel über Soziale Sicherheit v. 17. 12. 1973 (BGBl. 1975 II, 246); Art. 5 Abs. 1 des Abkommens zwischen der Bundesrepublik Deutschland und der Sozialistischen Föderativen Republik Jugoslawien über Soziale Sicherheit v. 12. 10. 1968 (BGBl. 1969 II, 1438); Art. 4 Abs. 2 des Abkommens zwischen der Bundesrepublik Deutschland und dem Königreich der Nieder-

und Art. 14 VO Nr. 1408/71 ähnlich sind. Sie treffen eine Aussage darüber, welche Rechtsordnung in diesen Fällen anwendbar ist.

I. Verhältnis der Entsendungsregelungen zu den übrigen Kollisionsnormen der Abkommen

Diese Entsendungsregelungen sind zu verstehen als Ausnahmen von den jeweiligen Grundsatzregelungen, nach denen ein Arbeitnehmer grundsätzlich den Rechtsvorschriften des Vertragsstaates unterliegt, in dem er beschäftigt wird. Auch hier bestätigt sich wieder, daß der Beschäftigungsort der regelmäßige Anknüpfungspunkt i. S. des internationalen Sozialversicherungsrechts ist[6]. Die Entsendungsregelungen erfassen dann die Fälle, in denen der Beschäftigungsort als tauglicher Anknüpfungspunkt ausscheidet.

II. Der Inhalt der Einstrahlungsregelungen

Ebenso wie Art. 14 VO Nr. 1408/71, aber anders als IV § 5 SGB enthalten die Abkommen neben einer allgemeinen Entsendungsregelung besondere Vorschriften für bestimmte Personengruppen.

1. Die allgemeinen Entsendungsregelungen

Die Entsendungsregelungen bezeichnen die während des Inlandsaufenthalts fortbestehende Verknüpfung des Beschäftigungsverhältnisses des entsandten Arbeitnehmers zum Ausland und benennen die Voraussetzungen, unter denen diese Auslandsverknüpfung trotz Inlandstätigkeit weiterhin die maßgebliche Sozialrechtsordnung bezeichnet.

---

lande über Sozialversicherung v. 29. 3. 1951 (BGBl. 1951 II, 222); Art. 6 Abs. 2 bis 5 des Abkommens zwischen der Bundesrepublik Deutschland und der Republik Österreich über Soziale Sicherheit v. 22. 12. 1966 (BGBl. 1969 II, 1235); Art. 4 des Abkommens zwischen der Bundesrepublik Deutschland und der Volksrepublik Polen über die Sozialversicherung von Arbeitnehmern, die in das Gebiet des anderen Staates vorübergehend entsandt werden v. 25. 4. 1973 (BGBl. 1974 II, 926); Art. 7 des Abkommens zwischen der Bundesrepublik Deutschland und der Portugiesischen Republik für Soziale Sicherheit v. 6. 11. 1964 (BGBl. 1968 II, 474); Art. 4 des Abkommens zwischen der Bundesrepublik Deutschland und der Sozialistischen Republik Rumänien über Sozialversicherung v. 29. 6. 1973 (BGBl. 1974 II, 698); Art. 6 des Abkommens zwischen der Bundesrepublik Deutschland und dem Königreich Schweden über Soziale Sicherheit v. 27. 2. 1976 (BGBl. 1977 II, 665); Art. 6 des Abkommens zwischen der Bundesrepublik Deutschland und der Schweizerischen Eidgenossenschaft über Soziale Sicherheit v. 25. 2. 1964 (BGBl. 1965 II, 1294); Art. 7 des Abkommens zwischen der Bundesrepublik Deutschland und dem Spanischen Staat über Soziale Sicherheit v. 4. 12. 1973 (BGBl. 1977 II, 687); Art. 6 des Abkommens zwischen der Bundesrepublik Deutschland und der Republik Türkei über Soziale Sicherheit v. 30. 4. 1964 (BGBl. 1965 II, 1170); Art. 6 Abs. 2 des Abkommens zwischen der Bundesrepublik Deutschland und den Vereinigten Staaten von Amerika über Soziale Sicherheit v. 7. 1. 1976 (BGBl. 1976 II, 1358) —.

[6] Vgl. dazu *v. Maydell*, in: GK-SGB IV § 3 Rz. 4.

a) *Erfaßter Personenkreis*

Die Entsendungsregelungen der Abkommen betreffen sämtlich in erster Linie Arbeitnehmer. Daneben werden aber fast immer auch selbständig Erwerbstätige erfaßt. Dies geschieht rechtstechnisch dadurch, daß ebenso wie bei IV § 5 SGB die die Arbeitnehmer betreffende Regelung für entsprechend anwendbar erklärt wird[7]. Nicht selten lautet die Formulierung auch dahingehend, daß die betreffenden Vorschriften auch anwendbar seien auf solche Personen, die den Arbeitnehmern nach den jeweiligen nationalen Rechtsvorschriften gleichgestellt sind[8]. Allein auf Arbeitnehmer beziehen sich die Abkommen mit Polen und Rumänien, für die auslösend die oben geschilderten Einstrahlungsfälle zwischen 1966 und 1970 waren. Sie betreffen daher auch lediglich entsandte Arbeitnehmer[9].

Im Gegensatz zur VO Nr. 1408/71 beschränken sich die Entsendungsregelungen der Abkommen nicht auf die Staatsangehörigen der Vertragsstaaten. Daher haben auch die Entsendungsregelungen der mit den Mitgliedsstaaten der Europäischen Gemeinschaften abgeschlossenen Sozialversicherungsabkommen trotz des Art. 14 VO Nr. 1408/71 weiterhin praktische Bedeutung für diejenigen Personen, die nicht Staatsangehörige eines der Mitgliedsstaaten der Europäischen Gemeinschaften sind. Für einen Arbeitnehmer mit der Staatsangehörigkeit eines Drittlandes etwa, der von einem französischen Unternehmen nach Deutschland entsandt wird, ist daher die Entsendungsregelung des deutsch-französischen Abkommens einschlägig.

b) *Erfaßte Rechtsvorschriften*

Hier ist zu unterscheiden zwischen den allgemeinen Abkommen über Soziale Sicherheit und den nur mit wenigen Staaten bestehenden Abkommen über Arbeitslosenversicherung. Die erstgenannten Abkommen erfassen regelmäßig nur die Bereiche Kranken-, Renten- und Unfallversicherung, vereinzelt sogar lediglich ein oder zwei dieser Versicherungszweige[10]. Von den Abkommen über Arbeitslosenversiche-

---

7 Vgl. etwa Art. 7 Abs. 2 des deutsch-spanischen Abkommens v. 4. 12. 1973.

8 Vgl. etwa Nr. 5 Buchst. a des Schlußprotokolls zum deutsch-amerikanischen Abkommens v. 7. 1. 1976.

9 Vgl. *Kania*, Sozialversicherungsabkommen mit Ostblockstaaten, in: DRV 1975, 81 ff.

10 So ist der sachliche Geltungsbereich des Abkommens zwischen der Bundesrepublik Deutschland und den Vereinigten Staaten von Amerika über soziale Sicherheit v. 7. 1. 1976 (BGBl. II, 1358) gem. Art. 2 beschränkt auf die Rentenversicherung.

rung sind bedeutsam allein die mit Griechenland[11], Jugoslawien[12], Österreich[13] und Spanien[14] abgeschlossenen. Das Abkommen mit Polen über die Sozialversicherung von Arbeitnehmern, die in das Gebiet des anderen Staates vorübergehend entsandt werden[15] und des Abkommens mit Rumänien über Sozialversicherung[16], finden auch auf die Arbeitslosenversicherung Anwendung. Soweit Abkommen über Arbeitslosenversicherung existieren, enthalten diese regelmäßig keine eigene Entsendungsregelung, sondern verweisen auf die entsprechenden Normen der allgemeinen Abkommen[17]. Subsidiär verbleibt es jeweils bei IV § 5 SGB bzw. § 173 a AFG i. V. m. IV § 5 SGB.

Die Kollisionsnormen der allgemeinen Abkommen befassen sich in aller Regel nur mit der Versicherungspflicht[18]. Soweit es die Versicherungsberechtigung anbetrifft, verbleibt es daher — sofern nicht Sonderregelungen etwas Anderes vorsehen — in den Einstrahlungsfällen bei IV § 5 SGB. Einige Abkommen enthalten Regelungen über die freiwillige Weiterversicherung, die die nationalen Rechtsvorschriften zugunsten von Staatsangehörigen der Vertragsstaaten modifizieren[19]. So-

---

11 Abkommen zwischen der Bundesrepublik Deutschland und dem Königreich Griechenland über Arbeitslosenversicherung v. 31. 5. 1961 (BGBl. 1962 II, 1110).

12 Abkommen zwischen der Bundesrepublik Deutschland und der Sozialistischen Föderativen Republik Jugoslawien über Arbeitslosenversicherung v. 12. 10. 1968 (BGBl. 1969 II, 1475).

13 Abkommen zwischen der Bundesrepublik Deutschland und der Republik Österreich über Arbeitslosenversicherung v. 19. 5. 1951 (BGBl. 1952 II, 613).

14 Abkommen zwischen der Bundesrepublik Deutschland und dem Spanischen Staat über Arbeitslosenversicherung v. 20. 4. 1966 (BGBl. 1967 II, 1946).

15 Abkommen zwischen der Bundesrepublik Deutschland und der Volksrepublik Polen über die Sozialversicherung von Arbeitnehmern, die in das Gebiet des anderen Staates vorübergehend entsandt werden, v. 25. 4. 1973 (BGBl. 1974 II, S. 37); gem. Art. 4 des Schlußprotokolls findet das Abkommen auch auf die Arbeitslosenversicherung Anwendung.

16 Abkommen zwischen der Bundesrepublik Deutschland und der Sozialistischen Republik Rumänien über Sozialversicherung vom 29. 6. 1973 (BGBl. 1974 II, 698).

17 Vgl. Art. 6 Abs. 2 des deutsch-griechischen, Art. 6 Abs. 3 des deutsch-jugoslawischen, Art. 4 Abs. 1 des deutsch-österreichischen und Art. 6 Abs. 2 des deutsch-spanischen Abkommens über Arbeitnehmerversicherung.

18 Vgl. Art. 6 ff. des deutsch-griechischen, Art. 5 ff. des deutsch-israelischen, Art. 5 ff. des deutsch-jugoslawischen, Art. 5 ff. des deutsch-österreichischen, Art. 3 ff. des deutsch-polnischen, Art. 6 ff. des deutsch-portugiesischen, Art. 3 ff. des deutsch-rumänischen, Art. 6 ff. des deutsch-schwedischen, Art. 5 ff. des deutsch-schweizerischen, Art. 5 ff. des deutsch-türkischen sowie Art. 6 des deutsch-amerikanischen Abkommens.

19 Vgl. etwa Art. 4 des deutsch-britischen und Art. 2 Abs. 2 des deutsch-dänischen Abkommens, die wegen Art. 15 VO Nr. 1408/71 weiterhin relevant sind.

weit in einigen anderen Abkommen nicht ausdrücklich die Anwendbarkeit der Kollisionsnormen auf die Vorschriften über die Versicherungspflicht beschränkt wird, läßt sich eine solche Beschränkung aus dem Normzusammenhang entnehmen[20].

c) Voraussetzungen der Einstrahlung

Anders als IV § 5 SGB, aber ebenso wie Art. 14 Abs. 1 Buchst. a i VO Nr. 1408/71 benennen die Entsendungsregelungen der Abkommen den Anknüpfungspunkt konkret und sehen zum überwiegenden Teil eine bestimmte Frist vor. Voraussetzung ist auch hier eine fortbestehende Verknüpfung zur Rechtsordnung des anderen Vertragsstaates und eine Entsendung. Hinsichtlich der rechtlichen Bedeutung der Frist weicht ein Teil der Abkommen jedoch von der bisher dargestellten Konstruktion ab. Darauf wird unter c näher einzugehen sein.

aa) Fortbestehende Verknüpfung zur Rechtsordnung des anderen Vertragsstaates

Ebenso wie IV § 5 SGB bezeichnen auch die Entsendungsregelungen der Abkommen einen Anknüpfungspunkt in einem der Vertragsstaaten, der den vorübergehenden Wechsel des Beschäftigungsortes, an den die Abkommen in den Grundsatzregelungen anknüpfen, zu überdauern geeignet ist und mit dessen Hilfe die anzuwendende Rechtsordnung bestimmt werden kann.

Auf den ersten Blick bieten die Anknüpfungspunkte der Abkommen ein uneinheitliches Bild. Teilweise wird abgestellt auf die Beschäftigung in einem Vertragsstaat bei einem Arbeitgeber, der seinen Betriebssitz oder gewöhnlichen Aufenthalt dort hat[21]. Daneben finden sich Entsendungsregelungen, die lediglich abstellen auf die Beschäftigung in dem Vertragsstaat, aus dem der Arbeitnehmer von seinem Arbeitgeber entsandt wird; das dürfte bedeuten, daß die jeweilige Person *gewöhnlich* in diesem Staat beschäftigt sein muß[22]. Das deutsch-israelische und das deutsch-jugoslawische Abkommen sehen in Anlehnung an die Formulierung in Art. 14 VO Nr. 1408/71 als maßgeblich an die Beschäftigung in einem Vertragsstaat von einem Unternehmen, dem der Arbeitnehmer gewöhnlich angehört[23]. Wieder andere Abkommen benennen den Unternehmenssitz als Anknüpfungspunkt, indem sie für

---

[20] Vgl. etwa Art. 4 f. des deutsch-italienischen, Art. 5 ff. des deutsch-belgischen, Art. 3 § 1 f. des deutsch-französischen und Art. 4 des deutsch-niederländischen Abkommens.

[21] So etwa Art. 7 Abs. 1 des deutsch-spanischen Abkommens.

[22] So etwa Art. 6 des deutsch-schwedischen Abkommens.

[23] Art. 6 des deutsch-israelischen Abkommens und Art. 6 Abs. 1 des deutsch-jugoslawischen Abkommens.

Arbeitnehmer eines Unternehmens mit Sitz im Gebiet einer Vertragspartei die Fortgeltung der Rechtsvorschriften dieses Staates bei Tätigkeit im anderen Staat vorsehen[24]. Schließlich finden sich noch Entsendungsregelungen, die nur sprechen von der Entsendung aus dem Gebiet des einen in das des anderen Vertragsstaates[25] und solche, die abstellen auf die Entsendung durch einen Arbeitgeber aus dem Gebiet einer in das der anderen Vertragspartei[26]. Allen diesen Regelungen gemeinsam ist jedoch, daß sie als maßgeblich ansehen das fortbestehende Band zur außerhalb der Bundesrepublik Deutschland bestehenden arbeitstechnischen Einheit.

Nicht ausdrücklich geregelt ist in den Abkommen ebenso wie schon in IV § 5 SGB und Art. 14 VO Nr. 1408/71, ob und inwieweit Arbeitnehmer, die lediglich zum Zwecke der Entsendung eingestellt worden sind und Leiharbeitnehmer, die im Inland tätig werden, von den Entsendungsregelungen erfaßt werden. Gleichwohl wird man auch hier annehmen müssen, daß zum Zwecke der Entsendung eingestellte Arbeitnehmer, sofern sie die sonstigen Voraussetzungen erfüllen, weiterhin den Rechtsvorschriften des Entsendestaates unterliegen, und für Leiharbeitnehmer regelmäßig die Rechtsordnung des Staates maßgeblich ist, in dem der Verleiher seinen Sitz hat[27].

bb) Entsendung in die Bundesrepublik Deutschland

Ein Arbeitnehmer, der in der geschilderten Weise mit der Sozial- und Wirtschaftsordnung des anderen Vertragsstaates verknüpft ist, unterliegt weiterhin den Rechtsvorschriften des Herkunftsstaates, wenn seine Tätigkeit im Inland aufgrund einer Entsendung erfolgt. Auch hier ist unter Entsendung eine durch den Arbeitgeber veranlaßte und in seinem Interesse liegende Ortsveränderung zu verstehen[28].

cc) Zeitliche Befristung der Weitergeltung der Rechtsvorschriften des Entsendestaates

Die Entsendungsregelungen der Abkommen lassen sich, was die zeitliche Befristung anbetrifft, in drei Gruppen teilen.

---

24 Art. 6 Abs. 1 des deutsch-schweizerischen Abkommens und Art. 6 Abs. 1 des deutsch-türkischen Abkommens.

25 Art. 6 Abs. 2 des deutsch-österreichischen Abkommens.

26 Art. 6 Abs. 1 i. V. m. Art. 1 Abs. 3 des deutsch-polnischen Abkommens über entsandte Arbeitnehmer und Art. 4 Abs. 1 des deutsch-rumänischen Abkommens.

27 Vgl. oben 1. Kapitel B III 1 b) aa) (2) (c) sowie 2. Kapitel B II 1 c) aa).

28 Vgl. oben 1. Kapitel B III 1 b) bb) sowie 2. Kapitel B II 1 c) aa).

Ein Teil der Abkommen macht die Fortgeltung der Rechtsvorschriften des Entsendestaates — ebenso wie Art. 14 VO Nr. 1408/71 — abhängig davon, daß die Entsendung eine bestimmte Frist voraussichtlich nicht überschreitet. Geht die voraussichtliche Dauer über die in der Vorschrift genannte Frist hinaus, so gelten vom ersten Tage des Aufenthalts im anderen Staate an die Rechtsvorschriften dieses Staates[29].

In der Mehrzahl der Abkommen jedoch wird auf eine so beschaffene Höchstfrist verzichtet. Daß die Entsendung befristet sein muß, wird nicht ausdrücklich erwähnt. Vielmehr gelten die Vorschriften des Entsendestaates für einen bestimmten Zeitraum weiter; übersteigt die Tätigkeit im anderen Staat diesen Zeitraum, so finden — von Verlängerungsmöglichkeiten zunächst einmal abgesehen — nach Ablauf der Frist die Rechtsvorschriften des Staates Anwendung, in den der Arbeitnehmer entsandt worden ist[30]. Ein solches Verfahren dient der Verwaltungsvereinfachung.

Drei Abkommen neueren Datums verzichten wie IV §§ 4 und 5 SGB auf eine ausdrückliche Frist. Die Entsendungsregelungen dieser Abkommen lassen lediglich aus dem Sinnzusammenhang erkennen, daß die Entsendung zeitlich begrenzt sein muß[31].

Soweit die Abkommen eine bestimmte Höchstfrist vorsehen, beträgt diese je nach Abkommen zwischen 6 und 24 Monaten. Eine Frist von 6 Monaten findet sich nur in einigen älteren Abkommen aus den Jahren 1950 - 1953[32]. Später erachtete man diese Frist als zu kurz und sah 12 Monate vor, wie dies noch heute bei dem aus dem Jahre 1960 stammenden Abkommen zwischen Großbritannien und der Bundesrepublik Deutschland der Fall ist[33]. Die überwiegende Mehrzahl der Abkommen aber sieht eine Frist von 24 Monaten vor[34].

---

[29] Art. 4 Abs. 2 Nr. 1 des deutsch-dänischen, Art. 3 § 2 Buchst. a des deutsch-französischen, Art. 5 Abs. 1 Nr. 1 des deutsch-italienischen und Art. 4 Abs. 2 Nr. 1 des deutsch-niederländischen Abkommens.

[30] Art. 6 Abs. 1 des deutsch-belgischen, Art. 5 Abs. 2 des deutsch-britischen, Art. 7 Abs. 1 des deutsch-griechischen, Art. 6 Abs. 1 des deutsch-österreichischen, Art. 4 Abs. 1 des deutsch-polnischen Abkommens über entsandte Arbeitnehmer sowie Art. 7 Abs. 1 des deutsch-portugiesischen, Art. 4 Abs. 1 des deutsch-rumänischen, Art. 6 des deutsch-schwedischen, Art. 6 Abs. 1 des deutsch-schweizerischen, Art. 7 Abs. 1 des deutsch-spanischen und Art. 6 Abs. 1 des deutsch-türkischen Abkommens.

[31] Art. 6 Abs. 2 des deutsch-amerikanischen, Art. 6 des deutsch-israelischen und Art. 6 Abs. 1 des deutsch-jugoslawischen Abkommens. Zum deutsch-israelischen Abkommen vgl. auch *Klitscher / Säuberlich / Költzsch*, Sozialversicherungsabkommen Deutschland-Israel zu Art. 6.

[32] Art. 4 Abs. 2 Nr. 1 des deutsch-dänischen, Art. 3 § 2 Buchst. a des deutsch-französischen, Art. 5 Abs. 1 Nr. 1 des deutsch-italienischen und Art. 4 Abs. 2 Nr. 1 des deutsch-niederländischen Abkommens.

[33] Art. 5 Abs. 2 des deutsch-britischen Abkommens.

[34] Vgl. hierzu auch *Wickenhagen*, Zwischenstaatliches Sozialversicherungsrecht, S. 65.

Sämtliche Abkommen, die eine bestimmte Höchstfrist vorsehen, tragen der Tatsache Rechnung, daß eine ihrer Natur nach vorübergehende Tätigkeit im anderen Vertragsstaat diese Frist überschreiten kann und es dennoch gerechtfertigt erscheint, die Rechtsvorschriften des Entsendestaates fortgelten zu lassen. Dies geschieht zumeist in der Weise, daß auf Antrag des Arbeitgebers die zuständige Behörde des Staates, in den der Arbeitnehmer entsandt wird — für die Bundesrepublik Deutschland regelmäßig das Bundesministerium für Arbeit und Sozialordnung — im Einvernehmen mit der zuständigen Behörde des Entsendestaates der Fortgeltung der Rechtsvorschriften des Entsendestaates zustimmt[35].

Eine Regelung besonderer Art sieht das Abkommen zwischen der Bundesrepublik Deutschland und der Volksrepublik Polen über Sozialversicherung von Arbeitnehmern, die das Gebiet des anderen Staates vorübergehend entsandt werden, vor. Nach Art. 4 Abs. 1 dieses Abkommens ist der Zeitraum der Fortgeltung der Vorschriften dann länger, wenn die nationalen Rechtsvorschriften des Entsendestaates dies vorsehen. Damit bleibt ein polnischer Arbeitnehmer auch bei einer 24 Monate übersteigenden Tätigkeit in der Bundesrepublik Deutschland dann weiterhin polnischen Rechtsvorschriften unterstellt, wenn die polnische Ausstrahlungsregelung keine bestimmte oder eine 24 Monate übersteigende Frist vorsieht.

d) Wirkungen der Einstrahlung

Liegen die geschilderten Voraussetzungen vor, so finden die Vorschriften des Entsendestaates auch während des Inlandsaufenthalts Anwendung. Die betreffende Person ist also in der Sozialrechtsordnung des Entsendestaates weiterhin versichert und hat Leistungsansprüche grundsätzlich nur gegen die Sozialversicherungsträger dieses Staates.

Ebenso wie die VO Nr. 1408/71 enthalten die Abkommen regelmäßig auch Vorschriften für die Leistungsseite. Diese sehen aber ebenfalls für den Fall des Aufenthalts im anderen Vertragsstaat lediglich eine regelmäßig auf Sachleistungen beschränkte Leistungsaushilfe durch den für den Aufenthaltsort zuständigen Träger vor, lassen also im Prinzip die Leistungspflicht des Sozialversicherungsträgers des Herkunftsstaates unangetastet.

---

[35] Vgl. etwa Art. 7 Abs. 1 des deutsch-spanischen Abkommens.

2. Sonderregelungen für besondere Personengruppen

Ebenso wie Art. 14 VO Nr. 1408/71 sehen auch die Entsendungsregelungen der Abkommen Sonderregelungen für bestimmte Personengruppen vor. Es sind zu nennen Beschäftigte von Transportunternehmen im grenzüberschreitenden Verkehr, Schiffsbesatzungen, Bedienstete der Vertragsstaaten sowie Angehörige diplomatischer und konsularischer Vertretungen dieser Staaten. Hier ist für die Beschäftigten von Transportunternehmen das Recht des Staates maßgeblich, in dem das Unternehmen seinen Sitz hat und für Schiffsbesatzungen das Recht des Flaggenstaates. Auf eine bestimmte Höchstfrist wird wegen der Eigenart der Tätigkeit verzichtet. Gleiches gilt für Bedienstete der Vertragsstaaten[36].

III. Ausnahmeregelung durch Vereinbarung

Sämtliche Abkommen sehen die Möglichkeit vor, von den Bestimmungen über die anzuwendenden Rechtsvorschriften und damit auch von der Entsendungsregelung in besonderen Fällen abzuweichen. Dadurch wird den Vertragsstaaten der erforderliche Spielraum bei der Berücksichtigung spezieller Sachverhalte eingeräumt[37]. Die aufgrund der Entsendungsregelung mehr oder weniger schematisch vorgenommene Bestimmung der anzuwendenden Rechtsvorschriften führt nicht immer zu befriedigenden Ergebnissen[38]. Abkommen älteren Ursprungs, aber auch einige neuere sehen Ausnahmen im Wege von Vereinbarungen oder von gegenseitigem Einvernehmen zwischen den zuständigen Behörden — auf deutscher Seite regelmäßig der Bundesminister für Arbeit und Sozialordnung — vor[39]. Die neueren Abkommen hingegen bestimmen zumeist, daß auf Antrag von Arbeitgeber und Arbeitnehmer die zuständige Behörde des Staates, dessen Vorschriften nach der Entsendungsregelung bzw. den anderen Rechtsanwendungsnormen der Abkommen an sich anwendbar sind, die Befreiung von diesen Rechts-

---

[36] Vgl. hierzu etwa Art. 9 des deutsch-spanischen Abkommens und *Wickenhagen*, Gedanken zum Geltungsbereich und zu den Internationalen Kollisionsnormen eines Sozialgesetzbuchs, in: ZSR 1971, 513 ff., 590 ff. insbesondere unter VIII und IX.

[37] *Schmidt / Klitscher*, in: Koch / Hartmann, AVG Bd. VI, B 115 (Art. 10 des deutsch-jugoslawischen Abkommens).

[38] Denkschrift der Bundesregierung zum Abkommen mit dem Staat Israel v. 17. 12. 1973 BT-Drucks. 7/2783 zu Art. 10.

[39] Art. 9 des deutsch-belgischen, Art. 10 des deutsch-britischen, Art. 4 Abs. 4 des deutsch-dänischen, Art. 3 § 4 des deutsch-französischen, Art. 5 Abs. 2 des deutsch-italienischen, Art. 4 Abs. 4 des deutsch-niederländischen, Art. 6 des deutsch-polnischen Abkommens über entsandte Arbeitnehmer sowie Art. 6 des deutsch-rumänischen und Art. 10 des deutsch-spanischen Abkommens.

vorschriften zulassen kann, sofern eine Unterstellung unter die Rechtsvorschriften des anderen Vertragsstaates sichergestellt ist. Die Entscheidung liegt im Ermessen der zuständigen Behörde, die bei ihrer Entscheidung auf Art und Umstände der Beschäftigung Bedacht zu nehmen hat[40]. Der zuständigen Behörde des anderen Vertragsstaates ist Gelegenheit zur Stellungnahme zu geben. Nach einigen Abkommen ist jedoch auch ihre ausdrückliche Zustimmung erforderlich[41].

C. Die Regelung in mehrseitigen Sozialversicherungsabkommen

Die Einstrahlungsproblematik betreffende Vorschriften finden sich schließlich noch in einigen mehrseitigen Sozialversicherungsabkommen, deren Vertragspartner auch die Bundesrepublik Deutschland ist. Die Kollisionsnormen dieser Abkommen sind als mehrseitige zu qualifizieren, sofern sie nicht nur die Unanwendbarkeit einer Rechtsordnung feststellen.

I. Die Vorläufigen Europäischen Abkommen über Soziale Sicherheit

Gemäß Art. 1 Abs. a der Satzung des Europarates vom 5. Mai 1949[42] ist es u. a. Aufgabe des Europarates, den sozialen Fortschritt der Mitgliedsstaaten zu fördern. In Ausführung dieser Aufgabe schlossen die Mitgliedsstaaten des Europarates am 11. Dezember 1953 das Vorläufige Europäische Abkommen über Soziale Sicherheit unter Ausschluß der Systeme für den Fall des Alters, der Invalidität und zugunsten der Hinterbliebenen sowie das Vorläufige Europäische Abkommen über die Systeme der Sozialen Sicherheit für den Fall des Alters, der Invalidität und zugunsten der Hinterbliebenen[43].

Diese beiden Abkommen enthalten keine ausdrücklichen Entsendungsregelungen. Nach den einander im Wortlaut entsprechenden Art. 3 Abs. 1 Buchst. a der Abkommen finden aber die Vorschriften der zwischen zwei oder mehreren Vertragsparteien der Europarats-Abkommen abgeschlossenen Sozialversicherungsabkommen über die Be-

---

[40] Art. 6 Abs. 5 des deutsch-amerikanischen, Art. 10 des deutsch-griechischen, Art. 10 des deutsch-israelischen, Art. 10 des deutsch-jugoslawischen, Art. 10 des deutsch-österreichischen, Art. 10 des deutsch-schwedischen und Art. 9 des deutsch-schweizerischen Abkommens.

[41] Art. 9 des deutsch-türkischen und Art. 10 des deutsch-portugiesischen Abkommens.

[42] BGBl. 1950, 263.

[43] BGBl. 1956 II, 508 ff.

stimmung der anzuwendenden innerstaatlichen Rechtsvorschriften — also auch die Entsendungsregelungen — für die Staatsangehörigen aller Vertragsstaaten so Anwendung, als wenn sie Staatsangehörige der erstgenannten Vertragsschließenden wären.

Für die Entsendungsregelungen der von der Bundesrepublik Deutschland abgeschlossenen zweiseitigen Sozialversicherungsabkommen sind diese Vorschriften der beiden Vorläufigen Europäischen Abkommen bedeutungslos, da die zweiseitigen Abkommen sämtlich eine Beschränkung auf die Staatsangehörigen der Vertragsstaaten nicht vorsehen[44].

Diese Vorschriften können jedoch Bedeutung erlangen als Ergänzung der Entsendungsregelung des Art. 14 VO Nr. 1408/71, die nur für Staatsangehörige der Mitgliedsstaaten gilt[45]. Auch hier greifen zumeist — wie oben erörtert — die zwischen den EG-Mitgliedsstaaten abgeschlossenen und trotz der Verordnung Nr. 1408/71 fortbestehenden Sozialversicherungsabkommen zwischen den Mitgliedsstaaten der Europäischen Gemeinschaften ein. Von praktischer Bedeutung können die Regelungen der beiden Vorläufigen Europäischen Abkommen jedoch im Verhältnis zwischen der Bundesrepublik Deutschland und Irland sowie Luxemburg sein. Mit beiden Staaten bestehen keine Abkommen, die Entsendungsregelungen enthalten[45a]. Wird aber ein Arbeitnehmer mit der Staatsangehörigkeit eines Vertragsstaates der Europarats-Abkommen, der nicht Mitgliedsstaat der Europäischen Gemeinschaften ist, von einem Arbeitgeber aus einem der beiden Staaten in die Bundesrepublik Deutschland entsandt, so taucht konkret die Frage auf, ob sich die Bestimmung der anzuwendenden Rechtsvorschriften nach dem subsidiären IV § 5 SGB oder aber wegen der jeweiligen Art. 3 Abs. 1 Buchst. a der beiden Europarats-Abkommen nach Art. 14 VO Nr. 1408/71 richtet. Gemäß den Art. 3 Abs. 1 Buchst. a der Europarats-Abkommen finden die Vorschriften in den zwei- oder mehrseitigen Sozialversicherungsabkommen über die Bestimmung der anzuwendenden innerstaatlichen Gesetze und Regelungen auf Staatsangehörige eines Vertragsstaates der Europarats-Abkommen so Anwendung, wie wenn sie Staatsangehörige eines der Vertragsschließenden des jeweiligen Sozialversicherungsabkommens wären. Die Verordnung Nr. 1408/71 ist jedoch nicht Abkommensrecht, sondern supranationales Recht. Es ist allerdings zu berücksichtigen, daß zur Zeit der Entstehung der Abkommen im Jahre 1953 die Europäische Wirtschaftsgemeinschaft

---

44 Vgl. oben B II 1 a).

45 Vgl. oben B II 1 a).

45a Vgl. aber nunmehr Art. 6 f. des deutsch-luxemburgischen Abkommens vom 27. 8. 1979 (BGBl. II, 953).

noch nicht existierte und daher supranationales Recht keine Erwähnung finden konnte. Aus diesem Grunde ist zu erwägen, ob nicht die Art. 3 der Europarats-Abkommen in erweiterter Auslegung dahin interpretiert werden können, daß sie auch supranationales Recht erfassen. In einem Rundschreiben aus dem Jahre 1960 hat der Bundesminister für Arbeit hierzu Stellung genommen und eine Anwendung der Europarats-Abkommen auf die sozialrechtlichen EWG-Verordnungen abgelehnt[46]. Diese Verordnungen sind jedoch weitgehend an die Stelle der Abkommen getreten und haben sie ersetzt. Ein Staat wie Luxemburg kann daher auf den Abschluß eines allgemeinen Sozialversicherungsabkommens mit der Bundesrepublik Deutschland verzichten[45a]. Auch Irland dürfte sich angesichts der Verordnung Nr. 1408/71 kaum veranlaßt sehen, ein solches Abkommen abzuschließen. Der hinter den Europarats-Abkommen stehende Gedanke, den Staatsangehörigen der Mitgliedsstaaten des Europarates Gleichbehandlung zu gewähren[47], erfordert es daher, auch die Verordnung Nr. 1408/71 mit einzubeziehen.

Seit dem 14. Dezember 1972 liegt ein von den Organen des Europarates bereits verabschiedetes Europäisches Abkommen über Soziale Sicherheit den Mitgliedsländern zur Unterzeichnung vor[48]. Dieses Abkommen soll die vorgenannten Vorläufigen Europäischen Abkommen ersetzen und hat die Aufgabe, die Rechtsvorschriften über soziale Sicherheit multilateral zu koordinieren[49].

Es ist — soweit ersichtlich — von der Bundesrepublik Deutschland bisher nicht unterzeichnet worden[50]. Das Abkommen dehnt nicht den Anwendungsbereich der beiden bestehenden Sozialversicherungsabkommen auf die Staatsangehörigen der Vertragsparteien dieses Europarats-Abkommens aus, sondern bestimmt — wie sich insbesondere aus den Art. 4, 6 und 14 ergibt — den Anwendungsbereich nationaler Rechtsvorschriften autonom für diejenigen Staatsangehörigen einer der Vertragsstaaten, die von der VO Nr. 1408/71 oder zwei- bzw. mehrseitige Sozialversicherungsabkommen nicht erfaßt werden. Unter dem Titel II „Bestimmungen über die anzuwendenden Rechtsvorschriften" enthält das Abkommen in Art. 14 zunächst eine Grundsatzregelung, die den in der Verordnung Nr. 1408/71 und den Abkommen weitgehend

---

46 Rundschreiben BMA v. 25. 4. 1960 — IV b 6 — 4022.1.0. — 2017/60 abgedruckt in Plöger / Wortmann, Teil I, S. 140^{65} f.

47 Vgl. die Präambeln der beiden Europarats-Abkommen.

48 European Treaty Series Nr. 78.

49 Vgl. die Präambel dieses Abkommens.

50 État des signatures et des ratifications des conventions et accords du Conseil de l'Europe — Chart showing signatures and ratifications of Council of Europe Conventions and Agreements, Strasbourg, Stand 15. 2. 1977, unter Nr. 78.

entspricht und u. a. bestimmt, daß die Rechtsvorschriften des Beschäftigungsstaates auch dann Anwendung finden, wenn der Arbeitnehmer in einem anderen Vertragsstaat wohnt oder Unternehmen bzw. Arbeitgeber Sitz oder Wohnsitz im Gebiet eines anderen Vertragsstaates haben. Die eigentliche Entsendungsregelung findet sich in Art. 15 des Abkommens. Sie weist gewisse Ähnlichkeiten mit der entsprechenden Regelung in der Verordnung Nr. 1408/71 auf. Wie dort unterfallen auch nach diesem Abkommen Arbeitnehmer, die im Gebiet des einen Staates von einem Unternehmen beschäftigt werden, dem sie gewöhnlich angehören, dann weiterhin den Rechtsvorschriften dieses Staates, wenn sie zur Arbeitsleistung für Rechnung dieses Unternehmens in das Gebiet eines anderen Vertragsstaates entsandt werden. Diese Tätigkeit darf nach Art. 15 Abs. 1 Buchst. a i voraussichtlich nicht länger als 12 Monate sein. Zudem darf der Arbeitnehmer nicht anstelle eines anderen Arbeitnehmers entsandt worden sein, dessen Entsendezeit abgelaufen ist. Ist von vornherein abzusehen, daß die Tätigkeit länger als 12 Monate dauern wird, so finden von Beginn der Tätigkeit im anderen Vertragsstaat dessen Rechtsvorschriften Anwendung (vgl. Art. 14 Ziff. 1 i. V. m. Art. 15 Abs. 1 Buchst. a des Abkommens). Für den Fall, daß die Tätigkeit im anderen Vertragsstaat wider Erwarten länger dauert, sieht Art. 15 Abs. 1 Buchst. a ii eine Verlängerungsmöglichkeit vor. Außerdem enthält dieser Artikel besondere Vorschriften für Arbeitnehmer im internationalen Verkehrswesen, die im Gebiet von zwei oder mehreren der Vertragsstaaten als fahrendes oder fliegendes Personal tätig sind, für Schiffsbesatzungen und für Selbständige. Art. 16 bestimmt in Parallele zu Art. 15 VO Nr. 1408/71, daß die Art. 14 und 15 des Abkommens nicht gelten für die freiwillige Versicherung und die Weiterversicherung. Insoweit ist das nationale Kollisionsrecht — hier also IV § 5 SGB — anwendbar. Schließlich können gemäß Art. 18 des Abkommens die zuständigen Behörden von zwei oder mehreren Vertragsstaaten Abweichungen von den vorgenannten Vorschriften vereinbaren.

II. Revidiertes Abkommen über die Soziale Sicherheit der Rheinschiffer

Ein mehrseitiges Sozialversicherungsabkommen besonderer Art ist das Revidierte Abkommen über die Soziale Sicherheit der Rheinschiffer vom 13. Februar 1961[51], das zwischen Belgien, der Bundesrepublik Deutschland, Frankreich, Luxemburg, den Niederlanden und der Schweiz abgeschlossen worden ist. Dieses Abkommen bezieht sich gem. Art. 3 sowohl auf die Bereiche Kranken-, Unfall- und Rentenversiche-

[51] BGBl. 1969 II, 1359.

rung als auch auf die Arbeitslosenversicherung. Der persönliche Geltungsbereich erstreckt sich im wesentlichen auf Rheinschiffer[52], die Staatsangehörige der Vertragsstaaten oder eines anderen in der Zentralkommission für die Rheinschiffahrt vertretenen Staates sind (Art. 2). Dieses Abkommen regelt die soziale Sicherheit eines Personenkreises, der gerade aufgrund der besonderen Eigenart seiner Tätigkeit kurzzeitige Beschäftigungen im Gebiet anderer Staaten ausübt.

Gleichwohl sind die Vorschriften dieses Abkommens über die anzuwendenden Rechtsvorschriften anders als die der bisher geschilderten Abkommen strukturiert. Eine Entsendungsregelung in dem bisher geschilderten Sinne kennt dieses Abkommen nicht. Vielmehr geht es in Art. 6 Abs. 1 davon aus, daß jeder Rheinschiffer versicherungs- und beitragsrechtlich hinsichtlich aller Zweige der sozialen Sicherung immer nur den Rechtsvorschriften eines Vertragsstaates unterliegt[53]. Die fortbestehende Verknüpfung zu der Rechtsordnung eines der Vertragsstaaten wird gem. Art. 6 Abs. 2 regelmäßig bezeichnet durch den Sitz des Unternehmens, das den Rheinschiffer beschäftigt. Abs. 2 S. 2 sowie die Absätze 3 - 5 dieses Artikels sehen für Sonderfälle bestimmte Ausnahmen vor.

Eine den bisher geschilderten vergleichbare Entsendungsregelung fehlt. Dies hat seinen Grund darin, daß sich Entsendung und zeitliche Befristung bereits aus der Natur der Beschäftigung ergeben.

III. Die Wiener Übereinkommen über diplomatische und konsularische Beziehungen

Ihrer Natur nach vorübergehend bei fortbestehender Verknüpfung zum Ausland ist auch die Tätigkeit der Mitglieder diplomatischer und konsularischer Vertretungen. Für sie bestimmen Art. 33 des Wiener Übereinkommens über diplomatische Beziehungen vom 18. April 1961[54] und Art. 48 des Wiener Übereinkommens über konsularische Beziehungen vom 24. April 1963[55], daß die Mitglieder der Vertretungen und ihre Familienangehörigen grundsätzlich von den im Empfangsstaat geltenden Vorschriften über soziale Sicherheit befreit sind. Dahinter steht — wie Zeileissen unter Berufung auf die Entstehungsgeschichte berichtet[56] — nicht nur der Gesichtspunkt diplomatischer und konsularischer

[52] Vgl. dazu die Begriffsbestimmung in Art. 1 Buchst. k.

[53] Vgl. dazu *Kinzel,* Das revidierte Rheinschifferabkommen vom 13. 7. 1961, in: DAngVers 1971, 296 ff.

[54] BGBl. 1964 II, 959.

[55] BGBl. 1969 II, 1587.

[56] *Zeileissen,* Die abgabenrechtlichen Privilegien in den diplomatischen und konsularischen Beziehungen, S. 95 ff.

Immunität und Privilegierung, sondern auch der Gedanke, diesen Personenkreis deshalb von der Anwendbarkeit des Sozialversicherungsrechts des Empfangsstaates zu befreien, weil ein Schutz durch dieses System sozialer Sicherheit wegen des weiter fortbestehenden Schutzes durch den Entsendestaat nicht erforderlich ist und der Aufenthalt im Empfangsstaat naturgemäß zeitlich begrenzt ist. Der Einstrahlungsgedanke findet daher auch hier Anwendung[57].

IV. Das Zusatzabkommen zu dem Abkommen zwischen den Parteien des Nordatlantikvertrages über die Rechtsstellung ihrer Truppen hinsichtlich der in der Bundesrepublik Deutschland stationierten ausländischen Truppen

Art. 13 dieses Zusatzabkommens vom 3. August 1959[58] sieht vor, daß die inländischen Vorschriften über soziale Sicherheit auf Mitglieder einer Truppe, eines zivilen Gefolges und auf Angehörige nicht anzuwenden sind. Dies gilt aber nur, soweit es die Mitgliedschaft zu den Streitkräften anbetrifft. Rechtliche Beziehungen zur deutschen Sozialversicherung außerhalb der Mitgliedschaft zu den Streitkräften sind dadurch nicht ausgeschlossen[59]. Art. 13 des Zusatzabkommens entspricht damit in seiner Struktur den bisher geschilderten Regelungen der anderen Abkommen.

---

[57] Vgl. zu diesen Übereinkommen auch *Métall*, Diplomatenrecht und soziale Sicherheit, in: Soziale Sicherheit (Österreich) 1960, 321 ff.; *ders.*, Das Wiener Übereinkommen über die diplomatischen Beziehungen und die soziale Sicherheit, in: Soziale Sicherheit (Österreich) 1961, 213 ff.; *Wickenhagen*, Gedanken zum Geltungsbereich und zu den internationalen Kollisionsnormen eines Sozialgesetzbuchs, in: ZSR 1971, 513 ff., 590 ff. insbesondere 591 f.

[58] BGBl. 1961 II, 1218.

[59] BT-Drucks. 3/2146, Anlage IV, Erläuterungen zu den Zusatzvereinbarungen, S. 234 f. zu Art. 13 sowie BSG Urt. v. 7. 9. 1977 — 11 RA 42/76.

Dritter Teil

Exkurs — Die Einstrahlung im internationalen Arbeitsrecht

Erstes Kapitel

Die Einstrahlung im Arbeitsrecht im allgemeinen

Eine den bisher geschilderten Kollisionsnormen vergleichbare Entsendungsregelung existiert für das internationale Arbeitsrecht nicht. Lediglich der Vorschlag einer Verordnung (EWG) des Rates über das auf Arbeitsverhältnisse innerhalb der Gemeinschaft anzuwendende Konfliktsrecht[1] sieht in Art. 5 eine derartige Regelung vor. Nach dieser Vorschrift bleibt für Arbeitnehmer, die zu vorübergehender Tätigkeit in einen anderen Mitgliedsstaat entsandt werden, weiterhin die am Ort des entsendenden Betriebes geltende Arbeitsrechtsordnung maßgeblich. Zur Ausfüllung des Begriffes „vorübergehende Tätigkeit" verweist die Vorschrift auf Art. 14 VO Nr. 1408/71. Von dieser Entsendungsregelung wird jedoch eine Reihe von Normbereichen nicht erfaßt. Art. 5 Abs. 2 nimmt solche Materien aus, die unabhängig von Parteivereinbarungen über die anzuwendende Rechtsordnung und den Schwerpunkt des Arbeitsverhältnisses am jeweiligen Tätigkeitsort zwingende Geltung haben sollen. Andere Bereiche — wie etwa das Betriebsverfassungsrecht — sind zwar ebenfalls einer derartigen Vereinbarung entzogen, gleichwohl findet aber die Entsendungsregelung des Art. 5 Anwendung, so daß danach die vorübergehende Tätigkeit ausländischer Betriebe im Inland vom deutschen Betriebsverfassungsrecht nicht erfaßt werden soll.

Im folgenden soll untersucht werden, ob sich auch für das geltende deutsche arbeitsrechtliche Kollisionsrecht die Verwertbarkeit des Einstrahlungsgedankens in ähnlicher Weise charakterisieren läßt.

---

[1] Vgl. BR-Drucks. 163/71 und RdA 1972, 225 ff. sowie *Beitzke*, EWG-Kollisionsnormen zum Arbeitsverhältnis, in: Gedächtnisschrift Dietz, S. 127 ff.; *Gamillscheg*, Intereuropäisches Arbeitsrecht, in: RabelsZ Bd. 37 (1973), 284 ff.

A. Der einer Rechtswahl zugängliche Bereich des Arbeitsrechts

Im deutschen Arbeitsrecht ist zu unterscheiden zwischen privatrechtlich geregelten Bereichen und solchen, die öffentlich-rechtlich ausgestaltet sind. Diese Unterscheidung ist für eine kollisionsrechtliche Fragestellung deshalb von Bedeutung, weil für den Bereich des Arbeitsprivatrechts grundsätzlich die Parteiautonomie gilt[2]. Wird also ein Arbeitnehmer, der gewöhnlich außerhalb der Bundesrepublik tätig ist, zu vorübergehender Tätigkeit ins Inland entsandt, so steht es den Arbeitsvertragsparteien grundsätzlich frei, die Inlandstätigkeit deutschem oder ausländischem Arbeitsvertragsrecht zu unterstellen. Fehlt eine ausdrückliche Abrede seitens der Vertragsparteien über das anzuwendende Recht, so entscheidet nach überwiegender Auffassung in Rechtsprechung und Schrifttum der mutmaßliche oder hypothetische Parteiwille[3]. Bei der Frage, wie dieser mutmaßliche oder hypothetische Parteiwille zu ermitteln ist, stehen sich gegenüber eine subjektive Lehre[4], die fragt, welches Recht die Parteien, hätten sie von der Notwendigkeit oder Möglichkeit der Rechtswahl gewußt, gewählt hätten und eine objektive Lehre[5], nach der entscheidend ist, zu welcher Rechtsordnung der Vertrag die engste Verknüpfung aufweist. Der praktische Unterschied zwischen diesen beiden Theorien ist jedoch gering; auch die subjektive Lehre muß in Ermangelung anderer Anhaltspunkte an objektive Umstände anknüpfen[6]. Eine eingehende Auseinandersetzung

---

[2] Zu den Grenzen der Parteiautonomie vgl. etwa *Beitzke,* Räumliche Kollisionen arbeitsrechtlicher Normen, in: AR-Blattei Teil D Rechtsquellen III unter B I 3; *Däubler,* Grundprobleme des internationalen Arbeitsrechts, in: RiW/AWD 1972, 1 ff.; *Fikentscher,* Arbeitsstatut, Prorogation und die zugehörigen Grenzen der Parteiautonomie, in: RdA 1969, 204 ff.; *Gamillscheg,* Rechtswahl, Schwerpunkt und mutmaßlicher Parteiwille im internationalen Vertragsrecht in: AcP 157, 303 ff.; *ders.,* Internationales Arbeitsrecht, Nr. 91 jeweils m. w. N.; *Staudinger / Firsching,* EGBGB Teil 2 b, Vorbem. 503, vor Art. 12.

[3] Vgl. etwa BGHZ 7, 231 ff.; 9, 221 ff., 223; 17, 89 ff.; BAG AP Nr. 3, 4, 9, 11, 12 Internationales Privatrecht Arbeitsrecht; *Beitzke,* Arbeitsverhältnisse bei inländischen Zweigstellen ausländischer Unternehmungen, in: RdA 1951, 134 ff.; aus dem Schrifttum vgl. auch *Firsching,* Einführung in das internationale Privatrecht, S. 206 ff.; *Gamillscheg,* Rechtswahl, Schwerpunkt und mutmaßlicher Parteiwille im internationalen Vertragsrecht, in: AcP 157, 303 ff.; *ders.,* Internationales Arbeitsrecht, Nr. 104; *Soergel / Kegel,* EGBGB, Vorbem. 240 ff. vor Art. 7.

[4] *Gamillscheg,* Rechtswahl, Schwerpunkt und mutmaßlicher Parteiwille im internationalen Vertragsrecht, in: AcP 157, 303 ff., 319; *ders.,* Internationales Arbeitsrecht, Nr. 104.

[5] Vgl. *Soergel / Kegel,* EGBGB, Vorbem. 244 ff. vor Art. 7.

[6] Vgl. BGHZ 7, 231 ff., 235; 19, 110 ff., 112; BGH in: NJW 1961, 25; BAG AP Nr. 12 Internationales Arbeitsrecht; *Gamillscheg,* Die Entwicklung des internationalen Arbeitsrechts 1959 - 1964, in: Das Arbeitsrecht der Gegenwart Bd. 2, 19 ff., 25.

mit diesen Lehren erübrigt sich hier, da lediglich die Verwertbarkeit eines Rechtsgedankens bei der Ermittlung der auf einen Einzelarbeitsvertrag anwendbaren Rechtsordnung untersucht werden soll und der Einstrahlungsgedanke auch bei der subjektiven Lehre über die oben geschilderte Anknüpfung an objektive Umstände miteinzufließen vermag.

Ein Arbeitsverhältnis weist die engste Verknüpfung zur Rechtsordnung des Staates auf, in dessen Gebiet es seinen Schwerpunkt hat. Es ist daher sachgerecht, grundsätzlich die Rechtsordnung dieses Staates anzuwenden. Der gleiche Gedanke steht hinter IV § 5 SGB und den übrigen Kollisionsnormen des Vierten Buches Sozialgesetzbuch. Es ist daher bei Fehlen einer ausdrücklichen Vereinbarung davon auszugehen, daß in den Einstrahlungsfällen deutsches Arbeitsvertragsrecht im Zweifel unanwendbar bleibt[7].

B. Der einer Rechtswahl nicht zugängliche Bereich des Arbeitsrechts

Diese Kollisionsregel gilt jedoch nicht für alle Vorschriften des Arbeitsrechts in gleicher Weise. Einige Normen beanspruchen Geltung unabhängig davon, welches nationale Recht die Parteien vereinbart haben. Dies gilt insbesondere für die arbeitsrechtlichen Normen, die dem öffentlichen Recht zuzuordnen sind[8]. Eine Anknüpfung unabhängig vom Arbeitsstatut wird aber auch vertreten für einen Teil der privatrechtlichen Normen des Arbeitsrechts[9]. Teilweise wird in diesem Zusammenhang der Unterscheidung zwischen öffentlichem und privatem Arbeitsrecht eine kollisionsrechtliche Bedeutung ganz abgesprochen[10]. Dieses Problem, das unter dem Stichwort „Anknüpfung zwingenden Schuldrechts" im internationalen Privatrecht zu den umstrit-

---

[7] So mit ähnlicher Begründung zur Ausstrahlung auch RAG ARS 15, 307 ff. und BAG AP Nr. 2 zu § 124 a GeWO; *Gamillscheg,* Internationales Arbeitsrecht Nr. 157; vgl. auch *Staudinger / Firsching,* EGBGB Teil 2 b Vorbem. 509 vor Art. 12 m. w. N.

[8] Vgl. nur *Gamillscheg,* Internationales Arbeitsrecht Nr. 164 und 167; *Schulze,* Das öffentliche Recht im internationalen Privatrecht.

[9] *Däubler,* Grundprobleme des internationalen Arbeitsrechts, in: RIW/AWD 1972, 1 ff.; *Fikentscher,* Arbeitsstatut, Prorogation und die zugehörigen Grenzen der Parteiautonomie, in: RdA 1969, 204 ff.; *v. Hoffmann,* Über den Schutz des Schwächeren bei internationalen Schuldverträgen, in: RabelsZ 38 (1974), 396 ff.

[10] *Wengler,* Die Anknüpfung des zwingenden Schuldrechts im internationalen Privatrecht, in: ZvglRW Bd. 54 (1941), 168 ff.; *Zweigert,* Nichterfüllung aufgrund ausländischer Leistungsverbote, in: RabelsZ 14 (1942), 283 ff.

tensten Fragen zählt[11], ist im Bereich des Arbeitsrechts noch wenig geklärt[12].

Es geht bei dieser Auseinandersetzung letztlich um die Reichweite der Parteiautonomie, also um die Abgrenzung zwischen den Bereichen, für die das Arbeitsstatut maßgeblich ist und solchen, die unabhängig vom Parteiwillen Anwendung finden. Eine Stellungnahme zu dieser Problematik kann daher dann unterbleiben, wenn sich für den Gesamtbereich der arbeitsrechtlichen Normen, die unabhängig vom Schuldstatut anzuknüpfen sind, ein einheitlicher Grundsatz über die Verwertbarkeit des Einstrahlungsgedankens formulieren läßt. Eine Auseinandersetzung mit dieser Problematik würde dann lediglich Aufschluß über den Umfang des von diesem Grundsatz erfaßten Normenbereichs geben, nicht aber Bedeutung für die Formulierung dieses Grundsatzes haben.

Die zwingende Geltung bedeutet zunächst lediglich, daß die Bestimmung der auf den Inlandssachverhalt anwendbaren Rechtsordnung der Vereinbarung der Parteien entzogen ist; davon zu unterscheiden ist die Frage nach dem räumlichen Geltungsanspruch einer solchen als zwingend erkannten Norm. Ebenso wie im Sozialversicherungsrecht vermag auch hier ein Verweis auf das Territorialitätsprinzip allein diese Frage nicht zu beantworten, denn damit ist noch nicht geklärt, welche Inlandsbeziehung die Anwendung dieser Normen auslöst[13].

Der Gesetzgeber hat in IV § 5 SGB den Geltungsanspruch des deutschen Sozialversicherungsrechts für die Einstrahlung formuliert. Dieser Vorschrift liegt der Gedanke zugrunde, daß es nur dann sinnvoll ist, einen Arbeitnehmer der deutschen Sozialversicherung zu unterwerfen, wenn sich der Schwerpunkt seines Beschäftigungsverhältnisses im Inland befindet. Dieser Gedanke läßt sich aber nicht unmittelbar auf alle Bereiche etwa des Arbeitnehmerschutzrechts übertragen. Hier kann es der vom Gesetzgeber mit der Norm verfolgte Zweck gebieten, nicht nur solche Arbeitnehmer zu erfassen, deren Beschäftigungsverhältnis seinen Schwerpunkt im Inland hat, sondern alle, deren tatsächlicher Arbeitsort sich im Inland befindet[14]. In diesem Fall können in Anwendung der Rechtsfigur der Einstrahlung allenfalls solche Fälle

---

11 Vgl. *Staudinger / Firsching,* EGBGB Teil 2 b Vorbem. 365 ff. vor Art. 12 mit umfangreichen Nachweisen.

12 Vgl. *Staudinger / Firsching,* EGBGB Teil 2 b Vorbem. 517 vor Art. 12 m. w. N.

13 Vgl. dazu auch *Däubler,* Grundprobleme des internationalen Arbeitsrechts, in: RiW/AWD 1972, 1 ff., 5; *Gamillscheg,* Internationales Arbeitsrecht, Nr. 100.

14 Vgl. *Beitzke,* Arbeitsverhältnisse bei inländischen Zweigstellen ausländischer Unternehmungen, in: RdA 1951, 134 ff., 135.

ausgeklammert werden, in denen die Tätigkeit im Inland derart begrenzt ist, daß auch unter Berücksichtigung dieses Geltungsanspruches eine Anwendung der inländischen Rechtsvorschriften nicht sinnvoll ist.

Diese Überlegungen haben gezeigt, daß sich die Frage der Übertragbarkeit des Einstrahlungsgedankens im Arbeitsrecht nicht in der Weise generell beantworten läßt, daß alle zwingenden Normen während einer befristeten Inlandstätigkeit unanwendbar bleiben. Es kann aber ein allgemeiner Grundsatz dahingehend formuliert werden, daß es jeweils auf den durch Auslegung zu ermittelnden Geltungsanspruch der Arbeitsrechtsnorm ankommt.

Wird ein Arbeitnehmer, der gewöhnlich außerhalb der Bundesrepublik Deutschland tätig ist, zu vorübergehender Tätigkeit ins Inland entsandt, so bedarf es daher jeweils der Feststellung, ob es der Geltungsanspruch der in Frage stehenden Norm erfordert, auch vorübergehende Inlandstätigkeiten zu erfassen.

Zweites Kapitel

Einstrahlung in Einzelbereichen des Arbeitsrechts

Da sich also eine generelle Aussage nicht treffen läßt, soll im folgenden nun exemplarisch für einzelne Bereiche des Arbeitsrechts untersucht werden, wann und unter welchen Voraussetzungen die innerstaatlichen Rechtsvorschriften auf Arbeitnehmer Anwendung finden, die gewöhnlich außerhalb der Bundesrepublik Deutschland tätig sind und zu vorübergehender Tätigkeit ins Inland entsandt werden.

A. Das Arbeitszeitrecht

Bei einer Reihe von Arbeitsschutzvorschriften ist zu erwägen, ob der Geltungsanspruch derart ist, daß sie bei jeder noch so kurzen Inlandstätigkeit eingreifen.

Die Vorschriften der Arbeitszeitordnung dienen dem Schutz des Arbeitnehmers und sollen insbesondere im Interesse seiner Gesundheit verhindern, daß er über gewisse Höchstzeiten hinaus beschäftigt wird und verpflichten den Arbeitgeber, bestimmte Erholungspausen und Freizeit zu gewähren. Daß die Vorschriften dieses mit Ausnahme des § 15 AZO öffentlich-rechtlich ausgestalteten Gesetzes unabhängig vom Arbeitsstatut anzuknüpfen sind, wird — soweit ersichtlich — von niemand geleugnet[1].

Die Arbeitszeitordnung erfaßt — soweit es rein innerstaatliche Sachverhalte anbetrifft — grundsätzlich alle Arbeitnehmer ohne Rücksicht darauf, ob die Beschäftigung für längere oder kürzere Dauer, als Nebenbeschäftigung oder als Aushilfsbeschäftigung erfolgt[2]. Für die Anwendbarkeit der Arbeitszeitbestimmungen genügt die tatsächliche Beschäftigung; ein wirksamer Arbeitsvertrag ist nicht Voraussetzung[3].

---

1 Vgl. *Meisel / Hiersemann*, Arbeitszeitordnung, Rdnr. 62 zu § 1.

2 *Denecke / Neumann*, Arbeitszeitordnung, Rdnr. 7 zu § 1.

3 *Denecke / Neumann*, Arbeitszeitordnung, Rdnr. 7 zu § 1.

Hieraus kann zwar noch nicht unmittelbar auf die Anwendbarkeit der Arbeitszeitordnung auf Sachverhalte mit Auslandsberührung geschlossen werden; es lassen sich daraus aber Hinweise auf den Geltungsanspruch der Normen der Arbeitszeitordnung entnehmen. Die Arbeitszeitordnung verfolgt das Ziel, den Schutz der Arbeitnehmer im Hinblick auf die Arbeitszeit möglichst umfassend zu gewährleisten. Einem solchen Ziel würde es aber widersprechen, Arbeitnehmer auszunehmen, die aus dem Ausland zu vorübergehender Tätigkeit ins Inland entsandt werden.

Daraus folgt, daß grundsätzlich auch auf solche Arbeitnehmer die Arbeitszeitordnung anzuwenden ist[4].

B. Das Schwerbehindertenrecht

Nicht alle arbeitsrechtlichen Normen, deren räumlicher Anwendungsbereich unabhängig vom Parteiwillen zu bestimmen ist, greifen jedoch schon bei jeder Inlandstätigkeit ein.

Das weitgehend öffentlich-rechtlich ausgestaltete Schwerbehindertengesetz vermag von seiner Natur her nicht sämtliche auch kurzfristigen Inlandstätigkeiten zu erfassen. Dieses Gesetz hat die Aufgabe, die soziale Benachteiligung von Behinderten durch Verschaffung und Erhaltung von Arbeitsplätzen auszugleichen. Schwerbehinderte sollen mit Hilfe dieses Gesetzes als gleichwertige und gleichgeachtete Arbeitnehmer in das Erwerbsleben eingegliedert werden[5].

Der Schwerbehindertenschutz kann daher sinnvoll nur solche Arbeitsverhältnisse erfassen, deren Schwerpunkt sich im Inland befindet[6]. Insoweit sind also die zur Einstrahlung im internationalen Sozialversicherungsrecht entwickelten Grundsätze übertragbar.

---

[4] So im Ergebnis auch *Beitzke*, Arbeitsverhältnisse bei inländischen Zweigstellen ausländischer Unternehmungen, in: RdA 1951, 134 ff., 135; *Denecke / Neumann*, Arbeitszeitordnung, Rdnr. 1 f. zu § 1; *Meisel / Hiersemann*, Arbeitszeitordnung, Rdnr. 62 ff. zu § 1.

[5] *Wilrodt / Neumann*, Schwerbehindertengesetz, Einl. Rdnr. 45 ff.

[6] *Wilrodt / Neumann*, Schwerbehindertengesetz, Einl. Rdnr. 48 m. w. N.

C. Das Recht der Lohnfortzahlung

Eine Heranziehung des IV § 5 SGB im Sinne einer einheitlichen Anknüpfung arbeitsrechtlicher und sozialversicherungsrechtlicher Normen kann im Grenzbereich zwischen Arbeits- und Sozialversicherungsrecht gerechtfertigt sein. Arbeitsrecht und Sozialversicherungsrecht verfolgen ähnliche Ziele für einen weitgehend identischen Personenkreis. Beide versuchen, den unerwünschten sozialen Folgen abhängiger Arbeit entgegenzuwirken[7]. Das führt dazu, daß in einzelnen Bereichen sozialversicherungsrechtliche und arbeitsrechtliche Gestaltungsformen austauschbar sind und sich gegenseitig ergänzen. Zu denken ist hier insbesondere an die wirtschaftliche Sicherung von Arbeitnehmern bei Arbeitsunfähigkeit; hier ist die Frage nach einer einheitlichen Anknüpfung in den Einstrahlungsfällen naheliegend.

Wegen der engen Verzahnung zwischen Sozialversicherungsrecht und Arbeitsrecht in diesem Bereich (vgl. §§ 182 Abs. 10 und 189 RVO einerseits und die Vorschriften des Lohnfortzahlungsgesetzes andererseits) soll nach Birk[8] das als Arbeitsprivatrecht zu qualifizierende Lohnfortzahlungsgesetz bei Sachverhalten mit Auslandsberührung dann Anwendung finden, wenn die Kollisionsnormen des internationalen Sozialversicherungsrechts in diesem Falle die Anwendung deutschen Sozialversicherungsrechts gebieten. Das würde bedeuten, daß in Einstrahlungsfällen, soweit die in IV § 5 SGB aufgestellten Voraussetzungen erfüllt sind, das Lohnfortzahlungsgesetz nicht anzuwenden ist.

Eine ähnliche Position bezieht Töns[9], der den Beschäftigungsort als maßgeblich für die Anwendbarkeit des Lohnfortzahlungsgesetzes ansieht und für Ein- und Ausstrahlung Ausnahmen macht.

Demgegenüber vertritt Gamillscheg die Auffassung, daß das Arbeitsstatut maßgeblich sei[10], erkennt jedoch an, daß die Verzahnung zwischen Krankenversicherungsrecht und Arbeitsrecht dazu führen kann, daß den Arbeitgeber eine Lohnfortzahlungspflicht bei inländischem Arbeitsort auch dann trifft, wenn das Recht des Arbeitsstatuts dies nicht vorsieht.

Eine vermittelnde Auffassung vertritt schließlich Beitzke[11]. Arbeitnehmer unter deutschem Arbeitsstatut genießen danach grundsätzlich

---

7 *Söllner*, Arbeitsrecht, S. 43.

8 *Birk*, Lohnfortzahlungsgesetz und Auslandsbeziehungen, in: DB 1973, 1551 ff., 1552 f.

9 *Töns*, Die wirtschaftliche Sicherung der Arbeitnehmer bei Arbeitsunfähigkeit, S. C 43.

10 *Gamillscheg*, Internationales Arbeitsrecht, Nr. 277.

11 *Beitzke*, Räumliche Kollisionen arbeitsrechtlicher Normen, in: AR-Blattei Teil D Rechtsquellen III unter B II 9 b.

den Schutz des deutschen Lohnfortzahlungsgesetzes. Der Verzahnung zwischen Sozialversicherungs- und Arbeitsrecht trägt er dadurch Rechnung, daß er für Arbeitnehmer unter ausländischem Arbeitsstatut die Geltung des deutschen Lohnfortzahlungsgesetzes von der Anwendbarkeit deutschen Sozialversicherungsrechts abhängig macht. Das bedeutet, daß nach seiner Auffassung ein Arbeitnehmer unter ausländischem Arbeitsstatut, sofern er die Voraussetzungen des IV § 5 Abs. 1 SGB erfüllt, keinen Anspruch auf Lohnfortzahlung nach dem Lohnfortzahlungsgesetz hat. Andererseits folgt daraus, daß bei Geltung deutschem Arbeitsstatuts auch in den Einstrahlungsfällen ein Lohnfortzahlungsanspruch besteht.

Ebenso mit den genannten Regelungen der Reichsversicherungsordnung verknüpft ist die Entgeltfortzahlung im Krankheitsfalle auch für Angestellte (§ 616 Abs. 2 BGB), Handlungsgehilfen (§ 63 Abs. 1 HGB) sowie gewerbliche Angestellte (§ 133 c GewO). Es muß daher — folgt man den geschilderten Auffassungen — konsequenterweise hinsichtlich der Entgeltfortzahlung für Angestellte, Handlungsgehilfen und gewerbliche Angestellte ebenso angeknüpft werden.

Wenn auch in den Einstrahlungsfällen die von Birk vertretene Auffassung in den meisten Fällen zu angemessenen Ergebnissen führt, so darf doch nicht übersehen werden, daß — worauf Beitzke hinweist[12] — diese Meinung die unter deutschem Arbeitsstatut im Ausland arbeitenden Arbeitnehmer nicht ausreichend zu schützen vermag. Angesichts der engen Verzahnung des Lohnfortzahlungsrechts mit der inländischen Sozialversicherung ist es nicht gerechtfertigt, allein auf das Arbeitsstatut abzustellen. Eine solche Auffassung würde zu Lasten der deutschen Sozialversicherung immer dann gehen, wenn das Recht des Arbeitsstatuts eine solche Lohnfortzahlung nicht vorsieht und deutsches Sozialversicherungsrecht anwendbar ist. Im inländischen sozialen Schutzsystem sind die Lohnfortzahlung des Arbeitgebers und die Gewährung von Krankengeld unmittelbar miteinander verknüpft. Ein Auseinanderreißen würde der Konzeption dieses Schutzsystems widersprechen. Aus diesem Grunde ist in Übereinstimmung mit Beitzke und Birk das Recht der Gehalts- und Lohnfortzahlung immer dann anzuwenden, wenn auch deutsches Sozialversicherungsrecht eingreift. Im Gegensatz zu Birk, aber in Übereinstimmung mit Beitzke ist es jedoch bei deutschem Arbeitsstatut stets anwendbar.

Als Ergebnis ist daher festzuhalten, daß — sofern die Voraussetzungen des IV § 5 Abs. 1 SGB vorliegen — die deutschen Rechtsvorschriften über Lohn- und Gehaltsfortzahlung nur anwendbar sind, sofern deut-

---

[12] *Beitzke*, Räumliche Kollisionen arbeitsrechtlicher Normen, in: AR-Blattei Teil D Rechtsquellen III unter B II 9 b.

sches Arbeitsstatut gilt. Eine Regelung, die dieser Auffassung weitgehend entspricht, sieht auch Art. 7 des Vorschlages einer Verordnung (EWG) des Rates über das auf Arbeitsverhältnisse innerhalb der Gemeinschaft anzuwendende Konfliktsrecht vor; diese Regelung entspricht mehr der Auffassung Birks, was angesichts der weitgehenden Gleichwertigkeit der sozialen Sicherungssysteme der Mitgliedsstaaten der Europäischen Gemeinschaften sachgerecht erscheint.

D. Das Recht der Altersversorgung durch Tarifvertrag

Eine ähnliche wenn auch weniger intensive Verzahnung zwischen Sozialversicherungsrecht und Arbeitsrecht besteht im Bereich der Alterssicherung. Für einen beträchtlichen Teil der Bevölkerung setzt sich die Alterssicherung zusammen aus Leistungen der gesetzlichen Rentenversicherung und solchen aus einer betrieblichen Altersversorgung[13]. Eine derartige Altersversorgung erfolgt nicht selten durch tarifvertragliche Versorgungsregelungen[14], durch die etwa gemeinsame Einrichtungen in Gestalt von Zusatzversorgungskassen geschaffen und ausgestaltet werden[15]. In den Fällen vorübergehender Tätigkeit ausländischer Unternehmen im Inland geht es dann regelmäßig um die Frage, ob diese Unternehmen verpflichtet sind, Beiträge an solche Einrichtungen zu zahlen[16]. Soweit es sich dabei um Tarifverträge handelt, die nicht gem. § 5 TVG für allgemeinverbindlich erklärt worden sind, bereitet die Frage nach der Anwendbarkeit solcher Tarifnormen in den Einstrahlungsfällen kaum Schwierigkeiten, da die mitgliedschaftlich vermittelte Tarifbindung regelmäßig gegeben sein dürfte.

Anders ist die Sachlage jedoch, soweit es für allgemeinverbindlich erklärte Tarifverträge anbetrifft. Diese erstrecken ihren Anwendungs-

---

[13] Vgl. das Zahlenmaterial bei *Schewe*, Die Zusatzrentensysteme in der BRD und ihr Verhältnis zur Sozialversicherung — insbesondere die öffentlich-rechtlichen Zusatzversorgungen, in: SozFortschritt 1972, 175 ff.; vgl. auch *Haensel*, Zusatzversorgung und soziale Rentenversicherung, in: Festschrift für Kurt Jantz, S. 93 ff.

[14] Vgl. etwa *Heubeck / Höhne / Paulsdorff / Rau / Weinert*, Kommentar zum Betriebsrentengesetz, Bd. I Rdnr. 57 ff. zu § 1.

[15] *Birk*, Tarifverträge über Sozialleistungen in rechtsvergleichender und internationalrechtlicher Sicht, in VSSR: 1977, 1 ff., 14.

[16] Dies war Gegenstand eines Antrages auf Vorabentscheidung des Europäischen Gerichtshofes gem. Art. 177 Abs. 1 Buchst. b und Abs. 3 des EWG-Vertrages, vorgelegt vom Vierten Senat des Bundesarbeitsgerichts (Beschluß v. 16. 12. 1970 4 AZR 480/69). Diese Rechtssache des EuGH (4/71) hat jedoch offensichtlich eine anderweitige Erledigung gefunden (vgl. ABl. 1971 C Nr. 65, S. 14).

bereich über den Kreis der Tarifvertragsparteien hinaus auf nicht organisierte Arbeitnehmer und Arbeitgeber, die nunmehr tarifgebunden werden i. S. von § 3 TVG[17].

Nach einer in der Literatur vertretenen Auffassung erfassen deutsche Tarifnormen nur Arbeitsverhältnisse, die deutschem Arbeitsrecht unterliegen, was grundsätzlich auch für Tarifverträge gelten soll, die für allgemeinverbindlich erklärt worden sind[18]. Diese Auffassung ist vom Bundesarbeitsgericht in einer Entscheidung aus dem Jahre 1977 bestätigt worden[19]. Folgt man dieser Meinung, so sind derartige Sozialtarifverträge in den Einstrahlungsfällen regelmäßig unanwendbar.

Eine andere Auffassung vertritt Birk, der allein darauf abstellt, ob das jeweilige Arbeitsverhältnis seinen Schwerpunkt im Inland hat[20]. In den meisten Einstrahlungsfällen wird er zum gleichen Ergebnis kommen. Etwas anderes gilt nur, wenn für ins Inland entsandte Arbeitnehmer ausnahmsweise deutsches Recht vereinbart wird.

Wenn es auch hier ebenfalls sinnvoll erscheint, daß die Anwendbarkeit derartiger Versorgungsregelungen im Grundsatz synchron mit der Anwendbarkeit deutschen Sozialversicherungsrechts läuft, nicht zuletzt deshalb, weil diese Regelungen oft unmittelbar an die Leistungen aus der deutschen Sozialversicherung anknüpfen, so darf doch nicht übersehen werden, daß arbeits- und sozialrechtliche Regelungen in diesem Bereich nicht so wie beim Recht der Lohnfortzahlung voneinander abhängig sind. Aus diesem Grunde ist — da das Tarifrecht Teil des Arbeitsprivatrechts ist[21] — das vereinbarte Arbeitsstatut maßgeblich. An diesem Rechtscharakter als Arbeitsprivatrecht vermag auch die Allgemeinverbindlicherklärung nichts zu ändern[22]. Gegen ein solches Ergebnis kann auch nicht der Grundsatz des „ordre public" des Art. 30 EGBGB ins Feld geführt werden, da dieser die Anwendbarkeit ausländischen Rechts nur dann ausschließt, wenn es zu den Grundgedanken der deutschen Rechtsordnung und der ihnen innewohnenden Gerechtigkeitsvorstel-

---

[17] Allgemeine Ansicht; vgl. *Wiedemann / Stumpf*, Tarifvertragsgesetz, Rdnr. 71 zu § 5 m. w. N.

[18] *Beitzke*, Räumliche Kollisionen arbeitsrechtlicher Normen, in: AR-Blattei Teil D Rechtsquellen III unter C; *Gamillscheg*, Internationales Arbeitsrecht Nr. 339; *ders.*, Die Entwicklung des internationalen Arbeitsrechts 1959 - 1964, in: Das Arbeitsrecht der Gegenwart Bd. 2, S. 19 ff., 38.

[19] BAG, in: SAE 1977, 302 ff. mit Anm. *Beitzke*.

[20] *Birk*, Tarifverträge über Sozialleistungen in rechtsvergleichender und internationalrechtlicher Sicht, in: VSSR 1977, 1 ff., 24.

[21] Vgl. nur *Hueck / Nipperdey*, Arbeitsrecht, Bd. II/1 S. 339 m. w. N.; *Nikisch*, Arbeitsrecht 2. Bd., S. 218 f.; *Zöllner*, Arbeitsrecht, S. 244; BAG AP Nr. 4 und 18 zu Art. 3 GG.

[22] BAG, AP Nr. 4 und 18 zu Art. 3 GG.

lungen in einem als schlechthin untragbar empfundenen Widerspruch steht[23]. Wenn aber eine Zusatzversorgung im deutschen Arbeitsrecht nicht zwingend ist, kann auch ein derartiger Ausschluß nicht schlechthin unerträglich sein[24]. Auch Wettbewerbsgesichtspunkte vermögen keine Rolle zu spielen, da eine ausreichende Steuerung durch das Erfordernis der Arbeitserlaubnis für ausländische Arbeitnehmer gegeben ist[25].

E. Das Betriebsverfassungsgesetz

Gemäß § 1 BetrVG werden in Betrieben mit mindestens fünf wahlberechtigten Arbeitnehmern, von denen drei wählbar sein müssen, Betriebsräte gewählt. Eine ausdrückliche Regelung der Frage, ob und inwieweit das BetrVG Anwendung findet auf zu vorübergehender Tätigkeit ins Inland entsandte Arbeitnehmer, enthält das BetrVG nicht.

Nach überwiegender Auffassung erfaßt das BetrVG alle Betriebe in der Bundesrepublik Deutschland einschließlich Berlin (West)[26]. Hierin stimmen Vertreter des öffentlich-rechtlichen Charakters der Betriebsverfassung[27] überein mit denjenigen, die das Betriebsverfassungsrecht dem Privatrecht zuordnen[28].

In den Einstrahlungsfällen ist daher zu untersuchen, ob die Inlandstätigkeit derart beschaffen ist, daß von einem inländischen Betrieb gesprochen werden kann. Von zwei Vertretern der privatrechtlichen Qualifizierung wird die Auffassung vertreten, daß die Betriebsverfassung dem Arbeitsstatut folgen müsse[29]. Das bedeutet für die vorliegende Frage, daß das deutsche Betriebsverfassungsrecht immer dann unanwendbar ist, wenn die Arbeitsverhältnisse weiterhin dem Recht

---

[23] BGHZ 2, 50, 370 ff., 376; 54, 123 ff., 130; 54, 132 ff., 142.

[24] BAG, AP Nr. 4 und 18 zu Art. 3 GG.

[25] Beitzke, in: SAE 1977, 307 ff., 308.

[26] *Beitzke*, Räumliche Kollisionen arbeitsrechtlicher Normen, in: AR-Blattei Teil D Rechtsquellen III unter D; *Dietz / Richardi*, BetrVG Anm. 20 ff. vor § 1; *Galperin / Löwisch*, BetrVG, Bd. I Rdnr. 4 ff. vor § 1; Kraft, in: GK BetrVG § 1 Anm. 8; *Staudacher*, Internationale Betriebsverfassung, Diss., S. 92 ff.

[27] Vgl. *Kammann / Hess / Schlochauer*, Kommentar zum Betriebsverfassungsgesetz, Rdnrn. 9 ff. vor § 1; *Molitor*, Über die Rechtsnatur der Betriebsvertretungen, in: Festschrift für Herschel, S. 105 ff.

[28] Vgl. u. a. *Dietz / Richardi*, Anm. 25 ff. zu § 1; Kraft, GK BetrVG § 1 Anm. 4 ff.; *Hueck / Nipperdey*, Arbeitsrecht Bd. 2 2. Halbband, S. 1095 ff.

[29] Vgl. zur kollisionsrechtlichen Bedeutung dieser Rechtsnatur des Betriebsverfassungsrechts auch *Birk*, Auslandsbeziehungen und Betriebsverfassungsgesetz, in: Festschrift für Schnorr von Carolsfeld, S. 61 ff.

des Herkunftsstaates unterstehen. Gegen die letztgenannte Auffassung spricht jedoch ihre praktische Undurchführbarkeit. Es wird nicht selten vorkommen, daß innerhalb eines einheitlichen Betriebes Arbeitsverträge verschiedenen Rechtsordnungen unterliegen; so sind etwa ausländische Spezialkräfte in deutschen Unternehmen möglicherweise daran interessiert, ihrem Arbeitsverhältnis das Recht ihres Heimatstaates zugrunde zu legen. Es wäre aber nicht sinnvoll, solche Arbeitskräfte von der deutschen Betriebsverfassung auszuschließen, und sie etwa innerhalb eines deutschen Betriebes dem Betriebsverfassungsrecht ihres Heimatstaates zu unterwerfen. Die Betriebsverfassung muß vielmehr in einem Betrieb notwendig einheitlich sein[30]. Dem trägt auch Gamillscheg — ein Vertreter dieser Auffassung — mittelbar Rechnung, wenn er ausführt, daß die deutsche Betriebsverfassung nur dann eingreife, wenn der Betrieb ganz oder überwiegend unter deutschem Arbeitsstatut arbeitet[31]. Dann erscheint es aber konsequenter, mit der überwiegenden Auffassung die Betriebsverfassung nicht dem Arbeitsstatut folgen zu lassen[32]. Zwar wird auf diese Weise, sofern man der Auffassung folgt, daß das Betriebsverfassungsrecht dem Privatrecht zuzuordnen ist, zwingendes Schuldrecht unabhängig vom Vertragsstatut angeknüpft. Die Parteiautonomie der Vertragsparteien des Einzelarbeitsvertrages findet aber ihre Grenze dort, wo die Anwendung dieses Grundsatzes kollidiert mit der betriebsverfassungsrechtlichen Stellung der Belegschaft und ihrer Organe. Eine Schmälerung dieser Stellung durch Vereinbarungen über das anzuwendende Arbeitsstatut liegt außerhalb der Rechtsmacht der Parteien des Einzelarbeitsvertrages[33].

Damit stellt sich die Frage, welchen Geltungsanspruch das Betriebsverfassungsrecht hat. Seiner Natur nach erfordert das Betriebsverfassungsrecht ebenso wie das oben erörterte Schwerbehindertenrecht zu seiner Anwendbarkeit eine nicht nur vorübergehende Verknüpfung mit der inländischen Rechtsordnung. Die Wahl eines Betriebsrates sowie die Ausübung der Mitbestimmungsrechte durch diesen Betriebsrat sind nur sinnvoll in einem Betrieb, der eine feste räumliche Verknüpfung zum Inland hat, d. h. bei dem innerhalb des Geltungsbereichs des Betriebsverfassungsgesetzes eine feste und dauerhafte betriebliche

---

30 *Beitzke*, Räumliche Kollisionen arbeitsrechtlicher Normen, in: AR-Blattei Teil D Rechtsquellen III unter D.

31 *Gamillscheg*, Internationales Arbeitsrecht, Nr. 345.

32 So auch BAG AP Nr. 13 Internationales Privatrecht Arbeitsrecht m. Anm. *Beitzke* und AP Nr. 16 Internationales Privatrecht Arbeitsrecht m. Anm. *Simitis*.

33 BAG AP Nr. 13 Internationales Privatrecht Arbeitsrecht mit Anm. *Beitzke*.

Organisation besteht[34]. An dieser Voraussetzung fehlt es bei der vorübergehenden Inlandstätigkeit von Arbeitsgruppen oder einzelnen Arbeitnehmern. Aber auch dann, wenn die gesamte Belegschaft eines Betriebes vorübergehend im Inland tätig wird (z. B. Zirkus), fehlt es an einer derartigen räumlichen Verknüpfung zum Inland[35].

[34] Vgl. dazu *Beitzke*, Arbeitsverhältnisse bei inländischen Zweigstellen ausländischer Unternehmungen, in: RdA 1951, 134 ff.; *ders.*, Räumliche Kollisionen arbeitsrechtlicher Normen, in: AR-Blattei Teil D Rechtsquellen III unter D; BAG in: DB 1978, 1840.

[35] Zu dem hier behandelten Fragenkreis vgl. auch *Steinmeyer*, Zum Mitbestimmungsrecht des Betriebsrates bei der Regelung von Arbeitsbedingungen auf Montagebaustellen und in Betrieben im Ausland, in: DB 1980, 1541 ff.

Literaturverzeichnis

Achinger / Höffner / Muthesius / Neundörfer: Neuordnung der sozialen Leistungen, Denkschrift, Köln 1955

Albrecht, Georg: Das versicherungspflichtige Beschäftigungsverhältnis, in: SozVers 1962, 72 ff.

— Der persönliche und räumliche Geltungsbereich der Sozialversicherung nach dem Sozialgesetzbuch (SGB), in: ZfS 1977, 1 ff.

Asanger, Reimund: Die rechtliche Bedeutung der Unfallverhütungsvorschriften, in: Festschrift für Herbert Lauterbach, Berlin 1961, S. 297 ff.

Aye / Göbelsmann / Müller / Schieckel / Schröter: RVO-Gesamtkommentar, Wiesbaden 1960 ff., Loseblatt

Bauer / Hannemann / Kinzel: EWG-Verordnungen Nr. 1408/71 und 674/72 aus der Sicht der Rentenversicherung, Berlin 1975

Becker, Friedrich: Kommentar zum Arbeitnehmerüberlassungsgesetz, Neuwied/Berlin 1973

Beitzke, Günther: Arbeitsverhältnisse bei inländischen Zweigstellen ausländischer Urternehmungen, in: RdA 1951, 134 ff.

— EWG-Kollisionsnormen zum Arbeitsverhältnis, in: Gedächtnisschrift für Rolf Dietz, München 1973, S. 127 ff.

— Räumliche Kollisionen arbeitsrechtlicher Normen, in: AR-Blattei Arbeitsrecht Teil D Rechtsquellen III (15. 6. 1976)

— Anmerkung zu Urteil des BAG vom 4. 5. 1977 — 4 AZR 10/76, in: SAE 1977, 307 ff.

— Anmerkung zu Urteil des BAG vom 9. 11. 1977 — 5 AZR 132/76 in AP Nr. 13 Internationales Privatrecht Arbeitsrecht

Bereiter-Hahn / Schiecke: Unfallversicherung 4. Aufl. Berlin 1971 ff., Loseblatt

Birk, Rolf: Auslandsbeziehungen und Betriebsverfassungsgesetz, in: Festschrift für Ludwig Schnorr von Carolsfeld, Köln/Berlin/Bonn/München 1973, S. 61 ff.

— Lohnfortzahlungsgesetz und Auslandsbeziehungen, in: DB 1973, 1551 ff.

— Das Konkursausfallgeld — ein rechtsvergleichender Überblick über die Insolvenzsicherung für Arbeitnehmerforderungen, in: RabelsZ 39 (1975), 605 ff.

— Tarifverträge über Sozialleistungen in rechtsvergleichender und internationalrechtlicher Sicht, in: VSSR 1977, 1 ff.

Bleckmann, Albert: Europarecht. Das Recht der Europäischen Wirtschaftsgemeinschaft 2. Aufl. Köln/Berlin/Bonn/München 1978

Bley, Helmar: Sozialrecht, 3. Aufl. Frankfurt a. M. 1980

— Schwerpunkte der Gemeinsamen Vorschriften für die Sozialversicherung im Sozialgesetzbuch, in: ZSR 1977, 513 ff.

Bogs, Walter: Grundfragen des Rechts der sozialen Sicherheit und seiner Reform, Berlin 1955

Brackmann, Kurt: Der persönliche und räumliche Geltungsbereich nach dem Sozialgesetzbuch — Allgemeiner Teil — Gemeinsame Vorschriften für die Sozialversicherung, in: BG 1977, 173 ff.

— Handbuch der Sozialversicherung, 1. - 8. Aufl. St. Augustin 1978, Loseblatt

Brüggemann, Wolf-Dietrich: Auslandsbeschäftigung und Territorialitätsprinzip in der Arbeitslosenversicherung, in: DVZ 1956, 274 ff. und DVZ 1957, 35 ff.

Bundesversicherungsanstalt für Angestellte und die Landesversicherungsanstalten im Verband Deutscher Rentenversicherungsträger (Hrsg.): Sozialgesetzbuch — Viertes Buch — Gemeinsame Vorschriften, Text und Erläuterungen, Berlin 1977

Burdenski / v. Maydell / Schellhorn: Kommentar zum Sozialgesetzbuch — Allgemeiner Teil, Neuwied / Darmstadt 1976

Caesar, Paul: Grundsätze der Sozialrechtsgestaltung in der DDR und in osteuropäischen Volksdemokratien sowie in Ländern der Europäischen Gemeinschaft, in: SozSich 1975, 214 ff.

Däubler, Wolfgang: Grundprobleme des internationalen Arbeitsrechts — dargestellt am Beispiel Deutschlands und Italiens — in: RiW/AWD 1972, 1 ff.

Denecke / Neumann: Arbeitszeitordnung, Kommentar, 9. Aufl. München 1976

Dietz / Richardi: Betriebsverfassungsgesetz mit Wahlordnungen, Kommentar, 5. Aufl. München 1973

Dölle, Hans: Internationales Privatrecht. Eine Einführung in seine Grundlagen, 2. Aufl. Karlsruhe 1972

Drobnig, Ulrich: Die Kollisionsnormen in den Rechtshilfeverträgen der Staaten des Ostblocks, in: Osteuropa-Recht 1960, 154 ff.

Fabricius / Kraft / Thiele / Wiese: Betriebsverfassungsgesetz, Gemeinschaftskommentar, Neuwied/Berlin 1975

Fenge, Harald: Der räumliche Geltungsbereich sozialversicherungsrechtlicher Normen, in: ZSR 1966, 257 ff.

Fikentscher, Wolfgang: Arbeitsstatut, Prorogation und die zugehörigen Grenzen der Parteiautonomie, in: RdA 1969, 204 ff.

Firsching, Karl: Einführung in das internationale Privatrecht einschließlich der Grundzüge des internationalen Verfahrensrechts, München 1974

Fischer, Rolf: Internationale Sozialpolitik, Übersicht, in: BABl. 1975, 243 ff.

Galperin / Löwisch: Kommentar zum Betriebsverfassungsgesetz 5. Aufl. Heidelberg 1977

Gamillscheg, Franz: Zu einigen Fragen des internationalen Arbeitsrechts, in: AcP 155, 49 ff.

— Rechtswahl, Schwerpunkt und mutmaßlicher Parteiwille im internationalen Vertragsrecht, in: AcP 157, 303 ff.

— Internationales Arbeitsrecht (Arbeitsverweisungsrecht), Berlin/Tübingen 1959

— Die Entwicklung des internationalen Arbeitsrechts 1959 - 1964, in: Das Arbeitsrecht der Gegenwart Bd. 2 (1964/65), S. 19 ff.

— Intereuropäisches Arbeitsrecht — zu zwei Vorschlägen der EWG zum Internationalen Arbeitsrecht, in: RabelsZ 37 (1973), 284 ff.

Geginat, Eckart: Leistungsrechte im internationalen Sozialversicherungsrecht unter besonderer Berücksichtigung der dem Internationalen Privatrecht ähnlichen Fragen, dargestellt am Beispiel der Sozialgesetzgebung in Frankreich, Großbritannien und der Bundesrepublik Deutschland, Dissertation Köln 1959

v. Gierke, Otto: Deutsches Privatrecht, 1. Bd. Allgemeiner Teil und Personenrecht, Leipzig 1895

Glasner, Günther: Die „Ausstrahlung" am Scheidewege, in: BG 1970, 70 ff.

Glienicke, Günter: Das sog. Territorialitätsprinzip in der deutschen Sozialversicherung, in: SGb 1966, 501 ff.

Haensel, Wolfgang: Zusatzversorgung und soziale Rentenversicherung, in: Festschrift für Kurt Jantz, Stuttgart/Berlin/Köln/Mainz 1968, S. 93 ff.

— Anmerkung zu Urteil des LSG Nordrhein-Westfalen vom 25. 6. 1970 — L 16 Kr 50/68, in: SGb 1971, 113 f.

Hanow / Lehmann: Reichsversicherungsordnung. Viertes Buch. Die Invaliden- und Hinterbliebenenversicherung, Kommentar, 3. Aufl. Berlin 1914

Hauck / Haines: Sozialgesetzbuch, SGB IV/1, Gemeinsame Vorschriften für die Sozialversicherung, Kommentar, Berlin 1977, Loseblatt

v. Heinz, Hans-Michael: Entsprechungen und Abwandlungen des privaten Unfall- und Haftpflichtversicherungsrechts in der gesetzlichen Unfallversicherung nach der Reichsversicherungsordnung, Dissertation Bonn 1972

Heinze, Meinhard: Probleme des sog. echten Leiharbeitsverhältnisses, in: ZfA 1976, 183 ff.

Heiz, Rudolf: Das fremde öffentliche Recht im internationalen Kollisionsrecht. Der Einfluß der Public Policy auf ausländischen Straf-, Steuer-, Devisen-, Konfiskations- und Enteignungsrecht, Dissertation Zürich 1959

Heubeck / Höhne / Paulsdorff / Rau / Weinert: Kommentar zum Betriebsrentengesetz, Bd. I, Heidelberg 1977

Heyden, Heinz: Nochmals: Versicherungspflicht bei Einstrahlung? in: SozVers 1966, 302 ff.

Höhn, Hugo: Vorübergehende Beschäftigung von Auslandsangestellten im Inland, in: DAngVers 1972, 367 ff.

Hoernigk / Jahn / Wickenhagen: Fremdrentengesetz, Kommentar, St. Augustin 1961 ff. Loseblatt

v. Hoffmann, Bernd: Über den Schutz des Schwächeren bei internationalen Schuldverträgen, in: RabelsZ 38 (1974), 396 ff.

Hoffmann, Gerhard: Internationales Verwaltungsrecht, in: Besonderes Verwaltungsrecht, herausgegeben von Ingo v. Münch, 5. Aufl. Berlin/New York, 1979, S. 781 ff.

Holl, Wolfgang: Die Berücksichtigung ausländischer Rechtsinstitute im innerstaatlichen öffentlichen Recht, Dissertation Bonn, 1976

Hueck / Nipperdey: Lehrbuch des Arbeitsrechts, 7. Aufl. Berlin/Frankfurt a. M. 1963 - 1970

Internationales Arbeitsamt: Die soziale Sicherheit der Wanderarbeitnehmer in Europa, Ein Bericht des Internationalen Arbeitsamtes, in: BKK 1972, 118 ff.

Ipsen, Hans-Peter: Europäisches Gemeinschaftsrecht, Tübingen 1972

Jacobi, Erwin: Betrieb und Unternehmen als Rechtsbegriffe, in: Festschrift für Victor Ehrenberg, Leipzig 1927, S. 1 ff.

Jahn, Kurt: Allgemeine Sozialversicherungslehre, 2. Aufl. Stuttgart/Berlin/Köln / Mainz 1980

Jantz, Kurt: Das Sechste Gesetz über Änderungen in der Unfallversicherung, in: AN 1942, II 209 ff.

— Die Hauptgrundsätze der zwischenstaatlichen Sozialversicherung, in: Maunz / Schraft, Die Sozialversicherung der Gegenwart Bd. 3 (1963), S. 21 ff.

— Soziale Sicherheit — überstaatliche Rechtsnormen, zwischenstaatliche Verträge, Bd. 41 der Reihe „Sozialpolitik in Deutschland", Stuttgart 1966

Jungk, Jochen: Das Prinzip der „Ausstrahlung" in der gesetzlichen Unfallversicherung, Dissertation Würzburg 1974

Kammann / Hess / Schlochauer: Kommentar zum Betriebsverfassungsgesetz, Neuwied/Darmstadt 1979

Kania, Gerhard: Sozialversicherungsabkommen mit Ostblockstaaten, in: DRV 1975, S. 81 ff.

Kastner, Fritz: Die Entwicklung des zwischenstaatlichen Rechts in der Krankenversicherung, in: DOK 1971, 786 ff.

Kaupper, Helmut: Die Verordnung Nr. 1408/71 des Rates der EWG zur Anwendung der Systeme der sozialen Sicherheit auf Arbeitnehmer und deren Familien, die innerhalb der Gemeinschaft zu- und abwandern, in: BKK 1972, 257 ff.

Kayser, Armand: Die soziale Sicherung der Wanderarbeitnehmer in der Europäischen Wirtschaftsgemeinschaft, in: Festschrift für Kurt Jantz, Stuttgart/Berlin/Köln/Mainz 1968, S. 17 ff.

Kindereit, Lothar: Probleme des Leiharbeitsverhältnisses, in: AuR 1971, 327 ff.

Kinzel, Dirk: Das revidierte Rheinschifferabkommen vom 13. 2. 1961, in: DAngVers 1971, 296 ff.

Klapdor / Rogowski / Bott: Sozialgesetzbuch — Gemeinsame Vorschriften für die Sozialversicherung vom 23. Dezember 1976. Erläuterung der neuen versicherungsrechtlichen und beitragsrechtlichen Vorschriften, in: Amtl. Mitt. der LVA Rheinpr. 1977, 139 ff.

Klitscher / Säuberlich / Költzsch: Sozialversicherungsabkommen Deutschland-Israel, Berlin 1976

Koch / Hartmann / Casselmann / Friedrichs / Kaltenbach / Maier: Die Rentenversicherung im Sozialgesetzbuch unter besonderer Berücksichtigung der Angestelltenversicherung, Kommentar, begründet als „Das Angestelltenversicherungsgesetz", 2. Aufl. Berlin/Wiesbaden 1956 ff., Loseblatt

Kommission der Europäischen Gemeinschaften (Hrsg.): Praktisches Handbuch über die Soziale Sicherheit der Arbeitnehmer und deren Familien, die innerhalb der Gemeinschaft zu- und abwandern, Luxemburg 1973 ff., Loseblatt

Kotthoff, Hanns-Ullric: Das Rangverhältnis zwischen supranationalem Recht und dem Recht der Mitgliedsstaaten in den europäischen Gemeinschaften, Dissertation Marburg 1966

Koulopoulos, Andreas: Das Recht der Sozialen Sicherheit der ausländischen Arbeitnehmer in der Bundesrepublik Deutschland — dargestellt am Beispiel der griechischen Arbeitnehmer, Köln/Berlin/Bonn/München 1976

Kranz, Günter: Winterbau. Förderung der ganzjährigen Beschäftigung in der Bauwirtschaft, Bonn-Bad Godesberg 1972 ff., Loseblatt

Krause / v. Maydell / Merten / Meydam: Gemeinschaftskommentar zum Sozialgesetzbuch — Gemeinsame Vorschriften für die Sozialversicherung, GK-SGB IV Neuwied/Darmstadt 1978

Krejci, Heinz: Das sozialversicherungsrechtliche Beschäftigungsverhältnis — Zugleich eine Kritik an der Faktizitätstheorie, in: VersRdsch 1976, 224 ff., 277 ff.

Kühl: Anmerkung zu Urteil des LSG Nordrhein-Westfalen vom 25. 6. 1970 — L 16 Kr 50/68, in: ABA 1970, 335

Larenz, Karl: Methodenlehre der Rechtswissenschaft, 3. Aufl. Berlin/Heidelberg/New York 1975

Lauterbach, Herbert: Gesetzliche Unfallversicherung, 3. und 5. Buch der Reichsversicherungsordnung, 3. Aufl. Stuttgart/Berlin/Köln/Mainz 1978, Loseblatt

Lohmann, C. H.: Die Auswirkungen des Territorialitätsprinzips (§ 30 SGB-AT) in der gesetzlichen Rentenversicherung, in: SGb 1976, 121 ff.

Lüdtke, Peter-Bernd: Sozialversicherungsabkommen und Rechtsprechung, in: BABl. 1974, 324 ff.

— Auslegung von Sozialversicherungsabkommen, in: DOK 1974, 625 ff.

Lyon-Caen, Gérard: Droit social international et européen, Quatrième édition Paris 1976

Matthias, Annette: Integrationsrechtliche Probleme im Recht der Europäischen Gemeinschaften — Das Problem der Willensverschränkung im Recht der Europäischen Gemeinschaften, Berlin 1979

Maunz / Dürig / Herzog / Scholz: Grundgesetz, Kommentar, 5. Aufl. München 1978 ff., Loseblatt

Maus, Wilhelm: Das deutsche Arbeits- und Sozialrecht, 1. Band, Das Arbeitsverhältnis, Schloß Bleckede 1948

v. Maydell, Bernd: Sach- und Kollisionsnormen im internationalen Sozialversicherungsrecht, Berlin 1967

— Probleme des internationalen Sozialversicherungsrechts, in: DVBl. 1971, 905 ff.

— Gedanken zur Formulierung von Kollisionsnormen im geplanten Sozialgesetzbuch, in: ZSR 1972, 265 ff., 328 ff.

— Anmerkung zu Beschluß des Großen Senats des BSG vom 21. 12. 1971 — — GS 6/71, in: SGb. 1973, 134 ff.

— Die dogmatischen Grundlagen des inter- und supranationalen Sozialrechts, in: VSSR 1973/74, 347 ff.

— Der Geltungsbereich des deutschen Sozialversicherungsrechts, in: BlStSoz ArbR 1977, 73 ff.

— Internationales Sozialversicherungsrecht in: Sozialrechtsprechung — Verantwortung für den sozialen Rechtsstaat Festschrift zum 25jährigen Bestehen des Bundessozialgerichts, Köln/Berlin/Bonn/München 1979, S. 943 ff.

Mayer-Maly, Theo: Das Leiharbeitsverhältnis, in: ZfA 1972, 1 ff.

Meisel / Hiersemann: Arbeitszeitordnung, Kommentar, 2. Aufl. München 1977

Merkle / Michel: Fremdrenten- und Auslandsrenten-Neuregelungsgesetz (FANG) Kommentar, 3. Aufl. Düsseldorf 1973, Loseblatt

Merten, Detlef: Zur Rechtsnatur der Beziehungen zwischen dem versicherten Beschäftigten und seinem Arbeitgeber im Sozialversicherungsrecht, in: Festschrift für Karl Sieg, Karlsruhe 1976, S. 383 ff.

Métall, Rudolf Aladár: Diplomatenrecht und soziale Sicherheit, in: Soziale Sicherheit (Österreich) 1960, 321 ff.

— Das Wiener Übereinkommen über diplomatische Beziehungen und die soziale Sicherheit, in: Soziale Sicherheit (Österreich) 1961, 213 ff.

Miesbach / Baumer: Die gesetzliche Unfallversicherung nach dem Unfallversicherungs-Neuregelungsgesetz, Frankfurt a. M. 1963 ff., Loseblatt

Molitor, Erich: Über die Rechtsnatur der Betriebsvertretungen, in: Festschrift für Wilhelm Herschel, Stuttgart 1955, S. 105 ff.

Nelhans, Joachim: Die Freizügigkeit der Arbeitnehmer in Europa — Eine vergleichende Darstellung der Rechtslage in den Europäischen Gemeinschaften und auf dem Gemeinsamen Nordischen Arbeitsmarkt, Baden-Baden 1975

Neuhaus, Paul Heinrich: Die Grundbegriffe des internationalen Privatrechts, 2. Aufl. Tübingen 1976

Neumeyer, Karl: Internationales Verwaltungsrecht, Bd. IV Allgemeiner Teil, Zürich/Leipzig 1936

Nikisch, Arthur: Vom Arbeitsverhältnis, in: Festschrift für Heinrich Lehmann, Berlin 1937, S. 285 ff.

— Das Arbeitsverhältnis im Betriebe, 2. Aufl. des Buches „Arbeitsvertrag und Arbeitsverhältnis“ Berlin/Leipzig 1944

— Dienstpflicht und Arbeitspflicht, in: Festschrift für Hans Carl Nipperdey, München/Berlin 1955, S. 65 ff.

— Die Eingliederung in ihrer Bedeutung für das Arbeitsrecht, in: RdA 1960, 1 ff.

— Arbeitsrecht, Erster Band, 3. Aufl. Tübingen 1961

— Arbeitsrecht, Zweiter Band, 2. Aufl. Tübingen 1959

Noack, Klaus: Die Tätigkeit ausländischer Unternehmen in der Bundesrepublik Deutschland, in: SozVers 1974, 126 ff.

Nußbaum, Arthur: Deutsches internationales Privatrecht, Tübingen 1932

Pflaum, Hans-Joachim: Die Bedeutung der Unfallverhütungsvorschriften in der gesetzlichen Unfallversicherung, Dissertation Göttingen 1960

Plöger / Wortmann: Deutsche Sozialversicherungsabkommen mit ausländischen Staaten, Bonn/Bad Godesberg, 1961 ff. Loseblatt

Podlech, Adalbert: Gilt in der deutschen Unfallversicherung das Territorialitätsprinzip? in: NJW 1963, 1142 ff.

Raape / Sturm: Internationales Privatrecht, Bd. I: Allgemeine Lehren, München 1977

Ramm, Thilo: Die Aufspaltung der Arbeitgeberfunktionen (Leiharbeitsverhältnis, mittelbares Arbeitsverhältnis, Arbeitnehmerüberlassung und Gesamthafenarbeitsverhältnis), in: ZfA 1973, 263 ff.

Rauschner / Krasney: „Kollisionsnormen" des Internationalen Sozialrechts und die Auswirkungen der Verträge der Bundesrepublik Deutschland mit Polen und der DDR, in: VSSR 1973/74, 369 ff.

Riechels, Ernst: Zur Dogmatik des sozialversicherungspflichtigen Beschäftigungsverhältnisses — Beschäftigungsverhältnis und Arbeitsunterbrechung, in: ZSR 1962, 1 ff., 74 ff., 144 ff., 194 ff., 269 ff., 346 ff., 409 ff., 472 ff.

Rienau, Helmut: Sind Ausländer aus Nichtvertragsstaaten bei Tätigkeiten für ausländische Unternehmen ohne Inlandssitz unfallversichert? in: SozVers 1973, 101 ff.

Rohwer-Kahlmann / Frentzel: Internationale Kollisionsnormen für das Sozialgesetzbuch, in: Das neue Sozialgesetzbuch, 2. Aufl. Frankfurt a. M. 1974, S. 75 ff.

Rüfner, Wolfgang: Einführung in das Sozialrecht, München 1977

Runge, Christian: Einführung in das Recht der Europäischen Gemeinschaften, 2. Aufl. München 1975

v. Savigny, Friedrich Carl: System des heutigen Römischen Rechts, Bd. VIII, Unveränderter Nachdruck der Ausgabe von 1849, Bad Homburg 1961

Schäfer, Manfred: Die Kollisionsnormen im internationalen öffentlichen Arbeits- und Sozialversicherungsrecht der Bundesrepublik Deutschland, Dissertation Frankfurt a. M. 1972

Schewe, Dieter: Die Zusatzrentensysteme in der BRD und ihr Verhältnis zur Sozialversicherung — insbesondere die öffentlich-rechtlichen Zusatzversorgungen, in: SozFortschritt 1972, 175 ff.

Schmidt, Eberhard: Die arbeits- und sozialversicherungsrechtliche Stellung der europäischen Wanderarbeiter im Rahmen der europäischen Wirtschaftsgemeinschaft, Dissertation Würzburg 1965

Schneider, Horst-Gerhard: Kumulation oder Konkurrenz sozialversicherungsrechtlicher Ansprüche deutscher Arbeitnehmer bei Aufenthalt und Tätigkeit im Ausland? (Kranken-, Unfall- oder Rentenversicherung), Dissertation Bonn 1963

Schnorr, Gerhard: Das Arbeitsrecht als Gegenstand internationaler Rechtssetzung, München/Berlin 1960

Schönefelder / Kranz / Wanka: Kommentar zum Arbeitsförderungsgesetz, Stuttgart/Berlin/Köln/Mainz 1978 Loseblatt

Schönke / Schröder: Strafgesetzbuch, Kommentar, 20. Aufl. München 1980

Schork, Josef: Organisationsprobleme in der Sozialversicherung im Hinblick auf eine Europäische Union, Dissertation Mainz 1966

Schulte, Carl Joseph: Die soziale Sicherheit deutscher Fachkräfte im Ausland — Dargestellt am Technischen Förderungsprogramm der Bundesrepublik Deutschland für Entwicklungsländer — Dissertation Bremen 1972

— Zur Bedeutung des Territorialitätsprinzips im Sozialverwaltungsrecht (§ 30 SGB-AT), in: ZSR 1976, 334 ff.

Schulze, Johannes: Das öffentliche Recht im internationalen Privatrecht, Frankfurt a. M. 1972

Schwinger, Aribert: Vom nationalen zum internationalen und übernationalen Recht in der Sozialversicherung, Dissertation Mainz 1964

Seidl-Hohenveldern, Ignaz: Völkerrecht, 4. Aufl. Köln/Berlin/Bonn/München 1980

Seiter, Hugo: Sozialversicherungsrechtliches Beschäftigungsverhältnis und Arbeitsverhältnis, in: VSSR 1976, 179 ff.

Selb, Walter: Internationales Sozialversicherungsrecht (Versuch einer Emanzipation), in: VSSR 1976, 293 ff.

Simitis, Spiros: Anmerkung zu Beschluß des BAG vom 25. 4. 1978 — 6 ABR 2/77 in AP Nr. 16 Internationales Privatrecht Arbeitsrecht

Söllner, Alfred: Arbeitsrecht, 6. Aufl. Stuttgart/Berlin/Köln/Mainz 1978

Soergel / Kegel: Bürgerliches Gesetzbuch mit Einführungsgesetz und Nebengesetzen, Bd. 7: Einführungsgesetz 10. Aufl., Stuttgart/Berlin/Köln/Mainz 1970

Staudacher, Heribert Paul: Internationale Betriebsverfassung — ein Fall zwingenden Rechts im arbeitsrechtlichen Kollisionsrecht, Dissertation Würzburg 1974

Staudinger / Firsching: Kommentar zum Bürgerlichen Gesetzbuch. Einführungsgesetz zum Bürgerlichen Gesetzbuch Teil 2 b: Internationales Schuldrecht I, 10./11. Aufl. Berlin 1978

Stein, Peter: Das internationale Sozialversicherungsrecht der Schweiz mit Einschluß seiner Beziehungen zum Haftpflichtrecht, Bern 1971

Steinmeyer, Heinz-Dietrich: Zum Mitbestimmungsrecht des Betriebsrates bei der Regelung von Arbeitsbedingungen auf Montagebaustellen und in Betrieben im Ausland — Zugleich eine Besprechung der Entscheidung des Landesarbeitsgerichts Düsseldorf, Kamm. Köln vom 14. 2. 1979 — 16 TaBV 52/78 in DB 1979, 2233 f. in: DB 1980, 1541 ff.

Stier-Somlo, Fritz: Kommentar zur Reichsversicherungsordnung und ihrem Einführungsgesetz, 1. Bd. Berlin 1915

Töns, Hans: Die wirtschaftliche Sicherung der Arbeitnehmer bei Arbeitsunfähigkeit, Stuttgart/Berlin/Köln/Mainz, 1970 ff., Loseblatt

Troclet / Guizzi: Elementi di diritto sociale europeo, Milano 1975

Vogel, Klaus: Der räumliche Anwendungsbereich der Verwaltungsrechtsnorm, Frankfurt a. M./Berlin 1965

— Internationales und interlokales Sozialverwaltungsrecht — systematische Grundlagen — in: Das Sozialrecht im geteilten Deutschland, Bd. IV der Schriftenreihe des Deutschen Sozialgerichtsverbandes, Wiesbaden 1968, S. 45 ff.

Wallerath, Maximilian: Das sozialversicherungsrechtliche Beschäftigungsverhältnis, in: ZSR 1977, 159 ff.

Wanders, Wilhelm: Internationale soziale Sicherheit im Spiegel der Rechtsprechung des Europäischen Gerichtshofes, in: DRV 1972, 309 ff.

— EWG-Recht und nationales Recht mit besonderer Berücksichtigung des Sozialversicherungsrechts, in: DRV 1973, 81 ff.

— Die Koordinierung des Sozialversicherungsrechts in der EWG, in: DRV 1974, 345 ff. und DRV 1975, 36 ff.

— Die Systeme der Rentenversicherungen in den Mitgliedstaaten der EWG, in: DRV 1976, 20 ff., 92 ff.

— Gleichbehandlung und Leistungszahlung in der Sozialversicherung nach EWG-Recht, in: Europarecht 1976, 313 ff.

Wannagat, Georg: Die Auswirkungen des übernationalen Sozialrechts auf die deutsche Sozialversicherung, in: SGb 1960, 1 ff.

— Lehrbuch des Sozialversicherungsrechts I. Bd., Tübingen 1965

Weber, Hans-Günther: Ist das Territorialitätsprinzip in der deutschen Sozial- und Arbeitslosenversicherung noch zeitgemäß? in: ZSR 1958, 415 ff.

Wengler, Wilhelm: Die Anknüpfung des zwingenden Schuldrechts im internationalen Privatrecht — Eine rechtsvergleichende Studie, in: ZvglRW 54 (1941), 168 ff.

Wickenhagen, Ernst: Das Territorialitätsprinzip und seine Ausnahmen in der gesetzlichen Unfallversicherung, in: BG 1954, 66 ff.

— Zwischenstaatliches Sozialversicherungsrecht — Eine Einführung, Bad Godesberg 1958

— Gedanken zum Territorialitätsprinzip in der Sozialversicherung, in: Festschrift für Kurt Hofmann, Berlin 1964, S. 83 ff.

— Gedanken zum Geltungsbereich und zu den Internationalen Kollisionsnormen eines Sozialgesetzbuchs, in: ZSR 1971, 513 ff., 589 ff.

Wiedemann / Stumpf: Tarifvertragsgesetz, Kommentar, 5. Aufl. München 1977

Wilrodt / Neumann: Schwerbehindertengesetz, Kommentar, 5. Aufl. München 1980

Wolff, Martin: Das internationale Privatrecht Deutschlands, 3. Aufl. Berlin/Göttingen/Heidelberg 1954

Wortmann, Albrecht: Zur Versicherungspflicht bei Einstrahlung, in: WzS 1966, 109 f.

— Neues Recht der Europäischen Gemeinschaften zur sozialen Sicherheit — EWG-Verordnungen 1408/71 und 574/72, in: DOK 1972, 827 ff.

— Zwischenstaatliches Krankenversicherungsrecht — Umfassende Regelungen mit 14 Ländern, in: ErsK 1976, 333 ff.

Zacher, Hans F.: Internationales und Europäisches Sozialrecht, Percha/Kempfenhausen 1976

Zeileissen, Christian: Die abgabenrechtlichen Privilegien in den diplomatischen und konsularischen Beziehungen — Mit besonderer Berücksichtigung der völkerrechtlichen Verpflichtungen Österreichs, Wien/Stuttgart 1971

Zöllner, Wolfgang: Arbeitsrecht, 2. Aufl. München 1979

Zweigert, Konrad: Nichterfüllung aufgrund ausländischer Leistungsverbote, in: RabelsZ 14 (1942), 283 ff.

FSC
www.fsc.org
MIX
Papier | Fördert gute Waldnutzung
FSC® C083411

Kolibri 360 GmbH
Ferdinand-Jühlke-Straße 7
99095 Erfurt, Deutschland
produktsicherheit@kolibri360.de

Druck:
CPI Druckdienstleistungen GmbH
im Auftrag der
Kolibri 360 GmbH
Ferdinand-Jühlke-Str. 7
99095 Erfurt